社会福祉法人の

組織再編入門

有限責任監査法人トーマツ　編

清文社

はじめに

　社会福祉法人は、1951 年の社会福祉事業法（現 社会福祉法）制定により、社会福祉事業の担い手としてスタートしました。その後、日本の人口は経済の発展とともに増加を続け、人々の居住地域や生活様式は大きく変化してきました。2008 年には人口減少局面に入り、高齢化や少子化の進行による介護需要の増加、人々の所得格差は今もなお拡大の一途を辿っています。

　このような変化に伴い、社会福祉法人が提供する福祉サービスへのニーズは多様化し、それぞれのサービスの比重も変化しています。また、福祉サービスは「人」により提供されることが重要な部分が多く、慢性的な人手不足の解消、いかに効率良く福祉サービスを提供できるかも課題になっています。従来と同じ経営やサービスを継続しているだけでは、利用者満足を得ることが難しく、経営状況が悪化する法人は年々増加しています。経営手法の変化やデジタル化への対応が求められるなか、経営状況次第では、単独ではこれらへの投資が困難にもなってきており、経営スキルを高めていくことが、法人自身の存続に加え、地域社会への貢献にも必要になってきています。

　そもそも、社会福祉法人には、地域に溶け込み、児童福祉法や老人福祉法、身体障害者福祉法などに基づく福祉サービスを、サービスの直接の受益者を超え、地域社会のあらゆる人びとの生活に恩恵を与え支え続けていく重要な役割があります。社会的弱者などを地域で支えあう地域共生社会、ソーシャル・インクルージョンの担い手としての期待は変わるものではありません。

　このようななか、2016 年の社会福祉法改正では、経営組織のガバナンス体制の強化、事業運営の透明性向上など経営基盤を強化するための制度見直しが行われ、2020 年の改正では、社会福祉連携推進法人の枠組みが整備されました。また、同年、厚生労働省 社会・援護局福祉基盤課より、「社会福祉法人の事業展開に係るガイドライン」、「合併・事業譲渡等マ

ニュアル」が発出され、具体的な組織再編手法が整いました。地域の社会福祉法人は、これら手法も活用しつつ、今後も長く地域共生社会の担い手であり続けることが期待されます。

　本書は、社会福祉法人の法人間連携及び組織再編にフォーカスをした入門書として、社会福祉法人の経営者層、自治体職員ら、地域の社会福祉法人の持続可能性を考える方々に向けた内容構成となっています。

　なお、意見に関する記載は、筆者の私見である点をおことわりしておきます。

　本書が、社会福祉法人、福祉サービスの持続的な提供の実現に向け、いささかなりとも貢献できれば幸いです。

　2021 年 8 月

　　　　　　　　　　　　　　　　有限責任監査法人トーマツ

目次

第Ⅰ章
社会福祉法人を取り巻く環境

第Ⅱ章
組織再編等の意義

第III章
組織再編等の流れ

第IV章
組織再編の手法

第Ⅴ章
デューデリジェンス

第Ⅵ章
社会福祉連携推進法人

第VII章
社会福祉法人の組織再編等の例示解説

〈参考資料〉

※本書は、令和3年8月末日現在の法令等によっています。

第 I 章

社会福祉法人を
取り巻く環境

1. 社会福祉法人の
経営環境

（1）社会福祉法人の経営状況

①　社会福祉法人の現状

　社会福祉法人は、戦後の混乱期から今日に至るまで、社会福祉事業の主たる担い手として、我が国の社会福祉を支えています。今後もこの役割は変わることはなく、地域共生社会の中核的存在として、地域の社会福祉の増進に貢献していくことが期待されています。

　一方で、戦後75年の間に、少子高齢化の進展や都市部への偏在に伴う人口分布の二極化など、社会構造は大きな変化を遂げてきました。

　我が国の人口動態を見ると、2025年に向けて高齢者人口が急速に増加したのち、その増加は緩やかになるとともに、総人口としては2008年の1億2,808万人をピークに減少の一途を辿っており、国立社会保障・人口問題研究所の最新の将来推計人口の結果によると、2053年頃には1億人を割ることが予測されています。地方では、すでに高齢者人口が減少に転じている地域も見られます。その反面、就労環境や生活様式、価値観は多様化し、それに伴って子育てや介護、生活困窮など、社会福祉のニーズもますます複雑化・多様化しています。

　このような変化を受け、近年、社会福祉法人の経営環境は、過去に例を見ないほど厳しいものとなっています。独立行政法人福祉医療機構が定期的に公表しているResearch Reportによると、調査対象となっている社会福祉法人のうち、経常増減差額が0円未満である赤字決算となった法人は、

【図表 1-1　社会福祉法人の赤字法人比率の推移】

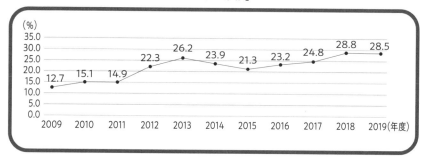

出所：独立行政法人福祉医療機構「Research Report (2021.2.22)」(3 頁)、「Research Report (2020.2.10)」(3 頁)、「Research Report (2018.1.31)」(4 頁)、「Research Report (2015.9.29)」(2 頁) をもとに作成

上記のとおり年々増加し、2013 年度から 2019 年度までの 7 年平均でほぼ 25%、4 法人のうち 1 法人が赤字になっていることがわかります。

　加えて、社会福祉法人の財務数値は、独立行政法人福祉医療機構が運営する福祉全般に関するポータルサイトである WAMNET の社会福祉法人の財務諸表等電子開示システムを通じて公表されていますが、当該システムの整備以後、経常的な活動による収益力を表す経常増減差額[1]は、平均値、中央値ともに右肩下がりを続け、2019 年度決算における平均値、中央値は、それぞれ 2.14%、2.03% を示しています。

　特に、介護事業は介護報酬のマイナス改定、介護人材不足による人件費及び人材紹介手数料の上昇、消費増税による経費の上昇を背景に、老人福祉・介護事業者の倒産件数は 2019 年に介護保険施行以来、過去最多を記録する等[2]、非常に厳しい状況が続いています。

　企業価値の最大化を事業目的とする上場企業と単純に比較することはできませんが、社会福祉事業（介護・保育事業）を手掛ける最大手の一般事

1）日本公認会計士協会「社会福祉法人の経営指標～経営状況の分析とガバナンス強化に向けて」(2018.7.18)
2）東京商工リサーチ「「2019 年 老人福祉・介護事業」倒産状況」

第
I
章

社
会
福
祉
法
人
を
取
り
巻
く
環
境

【図表 1-2 社会福祉法人と社会福祉事業関連一般事業会社との利益比較】

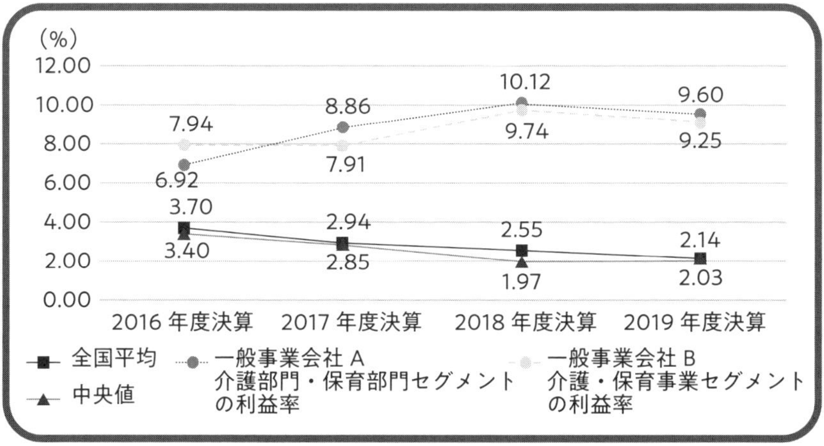

出所：社会福祉法人の数値（全国平均、中央値）は、WAMNET の社会福祉法人の財務諸表等電子開示システムをもとに、一般事業会社の数値は、有価証券報告書のデータを用いて筆者にて作成。なお前者のシステムでは、報告年度で年度表示をしているため、決算年度とは一致しない。

業会社 2 社と比べると、図表 1-2 のとおり、大きな乖離があり、年を追うごとに一層拡がっていることがわかります。

② 社会福祉法人の経営状況悪化の要因

このように経営が悪化している要因はどういったものでしょうか。

前述した Research Report では、経営環境の悪化は人材不足に伴う人件費負担の増加によるものだと言及していますが、経営管理にも大きな課題があると考えられます。その課題には、以下の（ア）措置制度から契約制度への変化と（イ）社会福祉法人の組織規模が大きく影響しているのではないかと思われます。

（ア）措置制度から契約制度への変化

我が国の社会福祉法人制度は、1951 年に行政機関（所轄庁等）がサービスの対象者と内容を決定し、それに従い事業を実施する仕組みとして

5

の措置制度[3]によってスタートし、行政からの補助金や税制優遇を背景に、法令や行政指導に適合することに重きを置いた事業運営がされてきました。そのため、市場原理で活動する一般的な民間事業者とは異なる原理原則の下、労働生産性等を重視する経営管理という視点よりも予め定められたサービスの提供が重視される環境下において発展してきました。

その後、我が国の地域社会等の変化を受け、1997年以降の、介護保険制度、支援費制度の導入によって、一部の事業について利用者がサービスを選択して自らの意思に基づき利用する仕組みとしての契約制度[4]へ転換が図られるとともに、民間企業等の各種供給主体の参入も開始され、競争市場に身を置くことになりました。これに伴い、社会福祉法人は、利用者のニーズに応じたサービスの提供、自主的なサービスの質の向上、経営の効率化といった、経営管理の視点を求められることとなりました[5]。

新たな時代に対応するためには、トップの意識から実際の運営及びガバナンスまで含め、改革を行う必要があります。しかし、社会福祉法人は、約半世紀に渡り、措置制度の下で運営してきた歴史があり、この期間に醸成された組織文化、業務運営、ガバナンス体制にはそれ故に経営管理意識が欠如している場合があります。そして、それは組織の根幹を成す組織風土を構成することから、改革の大きな阻害要因となり、結果として経営状況の悪化要因となっていると考えられます。

（イ）社会福祉法人の組織規模

もう一つの要因は、社会福祉法人の組織規模にあると考えられます。**図表1-3**のとおり、社会福祉法人の約90%は、売上高にあたるサービス活動収益が10億円未満の比較的小規模の法人であり、この傾向はここ数年間ほとんど変わっていません。

3）厚生労働省「社会福祉法人の在り方について（社会福祉法人の在り方等に関する検討会(2014.7.4)）(4頁)

4）同（5頁）

5）同（11頁）

【図表1-3　社会福祉法人のサービス活動収益別法人割合の推移】

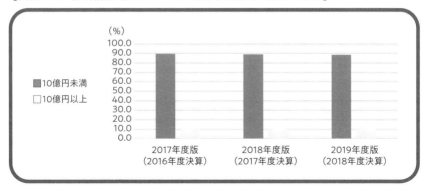

出所：WAMNET の社会福祉法人の財務諸表等電子開示システムのデータをもとに作成

　　トップが生産性の向上を目指し、改革を断行しようとする場合、それ
を実行に移すトップの右腕ともいうべき人材が必要となります。通常、
トップと相互に役割を分担し、管理機能を充実させることで初めて組織
力を強化されることが可能となるためです。

　　しかし、組織規模が小規模である場合、そのような管理事務を行う適
当な人材が組織内におらず、トップ自らが行わざるを得ない場合が散見
されます6)。外部から採用しようとしても、資金的制約から難しく、IT
システムやロボット等の情報技術を活用しようとしても、やはり同様の
理由から難しい場合があります。

　　そういった状況だと、改革の実効性に乏しく、場当たり的な対応に終
始してしまう可能性があります。その時、仮に近隣に全社的に改革を行
い、職員の働きやすさも含めた、効率的な経営を行う事業会社があれば、
職員の一部はそちらへの転職を検討するかもしれませんし、今後、就職
を考える関係者はそちらを選ぶ可能性が高いでしょう。そして、事業会

6）みずほ情報総研株式会社「小規模社会福祉法人を中心とした財務会計に関する事務処理体
　　制支援等に関する調査研究事業報告書」（2020.3）（厚生労働省　令和元年度生活困窮者就
　　労準備支援事業費等補助金　社会福祉推進事業）（13頁）

社は、年々その改革を加速させていくため、かかる両者の格差はさらに拡大していくこととなります。

　結果として、改革の実効性に乏しい法人の経営状況は、働き手不足を背景とした、報酬算定上の加算項目要件の未達成に伴う収入の減少、同様の理由を背景としたサービスの質の低下による利用率低下に伴う収入の減少、同じく事業を継続させるための職員充足に伴う人件費、人材紹介手数料の上昇によって、年々悪化していくといった状況に陥ります。

　以上のことから、小規模な組織の多い社会福祉法人においては、人的、資金的制約から改革の実効に課題があり、それが職員の充足状況、サービスの質に影響を及ぼすため、経営状況の悪化となっている側面があるように考えます。

（ウ）今後、想定される経営環境

　わが国の財政状況や人口構造を考えれば、かかる厳しい経営環境は今後も続いていくことが想定されます。さらにわが国の膨張し続ける社会保障費を鑑みれば、報酬を得るという側面において、従来の「どんなサービスを提供したか」というプロセス（過程）より、「サービスによって利用者等に何がもたらされたか」というアウトカム（結果）が重視されるようになっていくことも想定されます。

　そうなった場合、サービス提供者である法人は、アウトカムを達成するため、今以上にアウトカムの直接影響を与え得る専門職員の獲得競争が増すことから、さらに厳しい経営環境に直面するでしょう。そのため、法人は、サービス受益者である利用者等のアウトカムへの影響の有無で当該専門職員の業務を仕分けしたうえで、間接業務等を効率化させ、本業に専念させる環境を整えることで、適切な収入を受領できると考えられ、そのような対応が遅れた法人の業績はさらに悪化するという悪循環に陥る可能性があります。

③ 社会福祉法人の経営状況悪化の打開策としての組織再編等

昨今、こうした社会福祉法人の現状の打開策として、法人間連携、合併、事業譲渡等が挙げられています。

これは、自法人だけで経営課題の解決に向かうのではなく、他の法人と手を携えて解決しようとするものです。言い換えれば、自法人と他法人のヒト・モノ・カネ・情報を共有し、生産性の向上、サービスの質の向上を行おうとするものであり、以下のような経営資源による生産性最適化を図る施策といえるでしょう。

【図表1-4　組織再編等を活用した生産性の向上策】

経営資源	具体先施策例
ヒト	タスクシフティング、人事交流等による人材不足の解消、研修の共同実施による人材育成の充実
モノ	セントラルキッチンや送迎車両等、資産の共同利用による利用者の利便性の向上
カネ	スケールメリットによる資金調達コストの削減 共同購入等を行うことによる資材調達コストの削減
情報	経営ノウハウの共有、各種データの共有による、既存の資源の補完やより高度な活用

（2）過去の組織再編事例

① 事例数推移

社会福祉法人の組織再編等、特に合併については、年間10〜20件と、多い年度でも社会福祉法人数全体の0.1％程度であり、これまでほとんど行われてこなかったのが実情です。社会福祉法人の法人数が右肩上がりであったことを踏まえれば、合併事例数はほぼ横ばいと言っていい水準だといえます。

【図表1-5　社会福祉法人の合併件数と社会福祉法人数の推移】

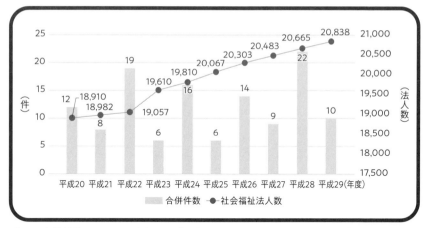

出所：合併件数につき、厚生労働省「社会福祉法人制度の現状について」（社会福祉法人の事業展開等に関する検討会（第1回）（2019.4.19）資料3）及び、社会福祉法人数につき、厚生労働省「令和2年版厚生労働白書 資料編」（Ⅰ制度の概要及び基礎統計、8 社会福祉・援護 "社会福祉法人数の推移"）をもとに作成

これは、そもそも合併に関する法整備が進んでいなかったこともありますが、かかる選択肢の存在を社会福祉法人の経営者が認識していなかったこと、もしくは経営状況が徐々に悪化する中であっても、過去の留保等から組織存続の危機となるには至っておらず、必要性に乏しいと考える状況があったものと推察されます。

しかし、前述したようにこの間、社会福祉法人の経営環境はより厳しいものに変わっています。

実際、厚生労働省の令和元年度生活困窮者就労準備支援事業費等補助金社会福祉推進事業において策定された「社会福祉法人の事業拡大等に関する調査研究事業報告書（2020年3月）」（みずほ情報総研株式会社）によると、90％近い法人が過去、合併、事業譲渡等を経験したことがないと回答する一方、約40％の法人が今後、「人材確保、人材育成」、「財政状態の安定化」等を理由として何らかの必要性を感じているとのアンケートの調査結果が得られており、必要性の高まりを感じ取ることができます。

【図表1-6　社会福祉法人における合併や事業譲渡等に関するアンケート調査結果】

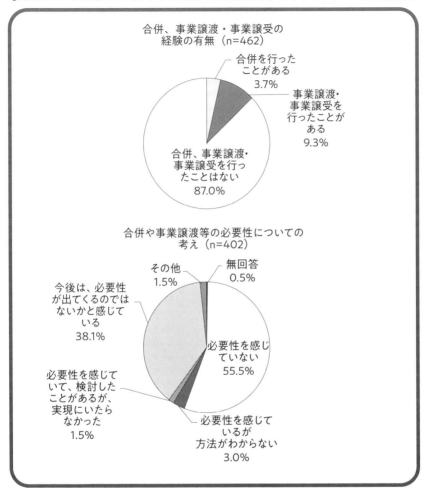

出所：みずほ情報総研株式会社「社会福祉法人の事業拡大等に関する調査研究事業報告書」
（2020.3）（厚生労働省　令和元年度生活困窮者就労準備支援事業費等補助金　社会福
祉推進事業）（6・26頁）

1.

社会福祉法人の経営環境

②　期待効果

　実際に合併を行った法人は、どういった効果を期待して実行したのでしょうか。

　過去、厚生労働省が合併目的を調査した結果によると、「業績不振法人の救済」という理由を除くと、人的資源及び財務資源の効率化という生産性向上が合併目的の上位に挙げられていることがわかります。

【図表1-7　社会福祉法人における合併の目的】

合併目的（重複回答可）	回答件数	割　合
業績不振法人の救済のため	44	84.6%
人的資源の効率化、合理化のため	24	46.2%
財務資源の効率化、合理化のため	20	38.5%
役員の後継者不足のため	10	19.2%

出所：厚生労働省「社会福祉法人制度の現状について」"合併の種別、合併理由"（社会福祉法人の事業展開等に関する検討会（第1回）(2019.4.19) 資料3）をもとに作成

　上記期待効果は、合併以外の事業展開等でも追求することができます。後述しますが、合併は、消滅する法人（被合併法人）の権利義務の一切を承継する包括承継であるため経営資源の共有は可能となるものの、それ故に各種法的手続きが必要となること、また関係者に対する影響も大きいことから、それに至るハードルは高いのが実態です。よりハードルの低い事業譲渡等や法人間連携についても選択肢のひとつとして検討した上で、最善の選択を行うことが重要です。

③　実務上の課題

　合併に関する実務上の課題としては、①で前述したみずほ情報総研㈱の調査報告書によると、アンケート回答法人の約半数が「法人の規程や制度

【図表1-8　合併に関する実務上の課題に関するアンケート調査結果】

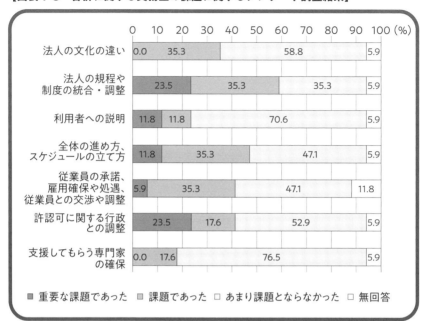

	重要な課題であった	課題であった	あまり課題とならなかった	無回答
法人の文化の違い	0.0	35.3	58.8	5.9
法人の規程や制度の統合・調整	23.5	35.3	35.3	5.9
利用者への説明	11.8	11.8	70.6	5.9
全体の進め方、スケジュールの立て方	11.8	35.3	47.1	5.9
従業員の承諾、雇用確保や処遇、従業員との交渉や調整	5.9	35.3	47.1	11.8
許認可に関する行政との調整	23.5	17.6	52.9	5.9
支援してもらう専門家の確保	0.0	17.6	76.5	5.9

■ 重要な課題であった　■ 課題であった　□ あまり課題とならなかった　□ 無回答

出所：みずほ情報総研株式会社「社会福祉法人の事業拡大等に関する調査研究事業報告書」（2020.3）（厚生労働省　令和元年度生活困窮者就労準備支援事業費等補助金　社会福祉推進事業）（9頁）

の統合・調整」、「全体の進め方、スケジュールの立て方」、「従業員の承継、雇用確保や処遇、従業員との交渉や調整」を挙げています。また、合併後においても、事業運営にかかる考え方、行動様式の違い、いわゆる文化の融合に課題があったことが挙げられています。

　法人間連携、合併、事業譲渡等の事業展開等の手法には、それぞれメリット、デメリットがあります。また法人の置かれた状況によって、選択肢のとり方も変わってきます。

　目的を明確化したうえで、経営的に最も合理的なだけでなく、地域ニーズや将来的なニーズにも対応しうる手法を選択する必要があります。

　次章以降、それぞれの手法の意義、特徴、プロセス（流れ）、期待効果、法務、会計、税務面への影響をまとめていきます。

1. 社会福祉法人の経営環境

13

2. 組織再編等に関する法制度改正

(1) 概要

　2020年6月12日「地域共生社会の実現のための社会福祉法等の一部を改正する法律案」が可決、成立し、①社会福祉法、②介護保険法、③老人福祉法、④地域における医療及び介護の総合的な確保の促進に関する法律、及び⑤社会福祉士及び介護福祉士法等の一部を改正する法律の5つの法改正がなされました。改正法の施行は一部を除き2021年4月1日からとなります。

　これらの法改正の趣旨は、多様化した介護・福祉ニーズに対応するサービス提供体制を整備するなどの観点から、経済的・人的資源など各種支援制度の整備推進をはじめ、業務効率化やサービスの質向上に向けた医療・介護のデータ活用整備を推進していくことです。まさにヒト・モノ・カネ・情報などの経営資源を有効かつ効率的に活用し、生産性を向上させていくことを志向したものになっています。

　2000年の介護保険法等の改正を契機に、介護・福祉業界は大きな制度改革を行ってきました。社会福祉法人においては、「措置制度から契約制度への転換」や「民間企業等各種供給主体の参入」により"競争市場"でのサービスの質の向上と量の拡大を余儀なくされることとなり、厳しい経営環境に置かれることとなりました。その後、2016年の社会福祉法改正により、「経営組織のガバナンス強化」「事業運営の透明性の向上」「社会福祉充実残額の活用による地域における公益的な取組みの推進」等の制度見直しが行われ、社会福祉法人にも地域社会に貢献する法人の在り方がよ

り求められることになりました。

　2020年の法改正では、社会福祉法人が自主的な判断のもとに地域における良質かつ適切な介護・福祉サービスの提供を可能とし、社会福祉法人の経営基盤の強化を図るとともに、複雑化、多様化する福祉ニーズに対応する観点から、社会福祉法人連携推進法人の枠組みが整備されました。

　さらに、2020年7月17日に閣議決定された「成長戦略フォローアップ」において、「希望する社会福祉法人が、大規模化や協働化に円滑に取り組めるよう、『社会福祉法人の事業展開に係るガイドライン（仮称）』を2020年度に策定し、周知や好事例横展開を行う」ことを踏まえ、社会福祉法人の合併や事業譲渡等の手続や留意点を整理する観点から「社会福祉法人の事業展開に係るガイドライン」及び「合併・事業譲渡等マニュアル」が厚生労働省社会・援護局福祉基盤課により策定されました。これにより、社会福祉法人が複数の施設・事業を運営して法人の経営基盤を強化するための組織再編等の枠組みも整備されました。

　社会福祉法はこれまで過去の法改正においても、福祉の充実に対する期待効果が達成できるよう、合併に関する法的手続の創設等、組織再編等の枠組みも含めた制度改正を実施してきています。社会福祉法人の組織再編等に関する法制度改正の経緯をまとめると以下のようになります。

【図表1-9　社会福祉法人における組織再編等に関する法制度改正の経緯】

改正年	制度改正概要	期待効果
2000年	● 介護保険制度導入 ● 措置制度から契約制度へ	多様化されるニーズへの対応
2016年	● 経営組織のガバナンス強化 ● 財務規律の強化	事業運営の透明性の向上
2020年	● 社会福祉連携推進法人創設 ● 組織再編等に係るガイドラインやマニュアルの整備	業務効率化やサービスの質向上

（2）各規程等の位置づけ

　法改正により整備された社会福祉法人の事業展開、組織再編等の枠組み
の実効性を担保する「社会福祉法人の事業展開に係るガイドライン」及び
「合併・事業譲渡等マニュアル」並びに同時期に改正された社会福祉法人
会計基準等の主な内容は以下のようになります。

【図表1-10　各規程等の主な内容】

規程等	主な内容
社会福祉法人の事業展開に係る ガイドライン （厚生労働省　社会・援護局福祉基 盤課課長通知（2020.9.11））	●社会福祉法人の現状と課題 ●事業展開の主な手法と期待される効果 ●合併の手続と留意点 ●事業譲渡等の手続と留意点
合併・事業譲渡等マニュアル （厚生労働省　社会・援護局福祉基 盤課事務連絡（2020.9.11））	●「社会福祉法人の事業展開に係るガイド ライン」を受け、より実務担当者の参考 になることを目的としたマニュアル ●社会福祉法人における合併の手引き ●社会福祉法人における事業譲渡等の手引き
社会福祉法人会計基準等改正 （厚生労働省　社会・援護局福祉基盤 課課長通知等（2020.9.11））	●組織再編等の定義の規定 ●合併又は事業譲渡等を行った場合の計算 書類注記方法の規定

（3）組織再編等の手法

①　概要

　組織再編等の手法としては、主に「合併」「分割」「買収」「事業譲渡」
「法人間連携」が挙げられます。そのため、本書ではこれら5種類の手法
をあわせて「組織再編等」と呼称しています。ただし、社会福祉法人で想
定している組織再編等の手法は、主に「合併」「事業譲渡」「法人間連携」
の3種であり、それぞれ簡単に概要を示すと以下のとおりです（詳細は
「第Ⅱ章　組織再編等の意義」を参照）。

第Ⅰ章　社会福祉法人を取り巻く環境

【図表 1-11　主な組織再編等の手法の概要】

手　法	概　　　要
合併	● 複数の社会福祉法人が統合すること ● 社会福祉法人間のみで認められる
事業譲渡	● ある社会福祉法人^(※)が特定の事業を他の社会福祉法人^(※)に譲渡すること （※）社会福祉事業を実施する社会福祉法人以外の法人を含む
法人間連携	● 複数の社会福祉法人で協力関係を構築すること ● 連携の範囲や内容などの明確な定義はない

②　他の法人形態における事例

　介護業界の動向としては、2000 年の介護保険法が施行されて以降、社会福祉法人以外の法人や異業種からの介護事業への参入が増えています。しかし、介護報酬の引き下げや介護人材不足などの影響により、厳しい経営環境の中、生き残りをかけて介護事業を運営する株式会社等においても合併や事業譲渡などの組織再編等の動きが活発化しています。

　もともと介護事業を展開していた事業会社が出資や事業譲受により事業拡大を進めるケースや、不動産会社や警備会社がシニア向け賃貸住宅事業を始めるケースなどもあります。

　高齢化が進む日本では、当面介護・福祉事業を取り巻く市場は継続して拡大することが想定されています。また、今後も一般事業会社の様々な分野からの業界参入が見込まれる他、大手事業者による中小零細事業者の買収も予想されています。

　主に医療事業を行う医療法人においても、診療報酬の引き下げや医療人材不足という、介護業界と同じような課題があります。特に地域医療はその課題が顕著であるため、2015 年の医療法改正により「地域医療連携推進法人」が創設され、この課題解消の取組みを進めています。

〈参考文献〉

・日本公認会計士協会「社会福祉法人の経営指標〜経営状況の分析とガバナンスの強化に向けて〜」（非営利法人委員会研究報告第 27 号）（最終改正 2018 年 7 月 18 日）

・独立行政法人福祉医療機構「2018 年度 社会福祉法人の経営状況について」（Research Report、2020 年 2 月 10 日）

・独立行政法人福祉医療機構「平成 28 年度 社会福祉法人の経営状況について」（Research Report、2018 年 1 月 31 日）

・独立行政法人福祉医療機構「赤字分析からみる社会福祉法人の経営リスク」（Research Report、2015 年 9 月 29 日）

・みずほ情報総研株式会社「小規模社会福祉法人を中心とした財務会計に関する事務処理体制支援等に関する調査研究事業報告書」（2020 年 3 月）

・厚生労働省 「社会福祉法人の事業展開等に関する検討会（第 1 回）」資料（2019 年 4 月 19 日）

・厚生労働省 「令和 2 年版厚生労働白書 資料編」 "I 制度の概要及び基礎編"

・厚生労働省 「社会福祉法人の事業展開に関する検討会 報告書」（2019 年 12 月 13 日）

・厚生労働省 社会・援護局福祉基盤課長通知 「社会福祉法人の事業展開に係るガイドライン」（2020 年 9 月 11 日）

・厚生労働省 「合併・事業譲渡等マニュアル」（2020 年 9 月 11 日）（社会・援護局福祉基盤課事務連絡）

第II章

組織再編等の意義

1. 組織再編等が 必要とされる背景

（1）社会福祉法人を取り巻く環境の変化

　少子高齢化や都市部への集中といった人口構造の変化、福祉ニーズの複雑化・多様化は、社会福祉法人の経営環境に大きな影響を与えています。社会福祉サービスの主たる利用者層となる子どもの数は減少の一途を辿り、当面増加する高齢者の数も中長期的には頭打ちとなります。また、長期的に続く低成長下にあって、社会保障費は急激に増えており、給付を賄うための負担の世代間格差などの問題もあって、社会保障給付の安定的な伸びも見込める状況にはありません。

　そのうえ、ものづくりが「少品種大量生産」から「多品種少量生産」にシフトしてきたように、社会福祉の領域においても、個々のニーズにきめ細かく対応していくことが期待されています。「誰も取り残さない（leaves no one behind）」という SDGs のスローガンは美しく、私たちの意識や生活様式にも徐々に変化を及ぼし始めていますが、「誰ひとり取り残さない社会福祉」、言い換えれば「地域共生社会」の追求というのは、従来の発想の延長線上で考えた場合には、低収益・高コスト体質へのシフトと捉えられかねません。法人数の増加も相まって、赤字法人の比率が年々増加していることも**第1章**で紹介しました。

　今後、社会福祉法人の経営環境はますます悪化し、生き残りをかけて熾烈な競争が繰り広げられるのでしょうか。また、競争に敗れた法人は淘汰され、望まれない形での廃業や再編統合が待ち受けているのでしょうか。本書は、そのような未来を避け、地域社会をより良いものにするための羅

針盤でありたいと願います。

　従来の発想を転換する一つの鍵がロボットやセンサー、ICT やデジタル技術等であることは間違いないでしょう。これらの技術は、利用者のQOL の向上や自立支援、職員の負荷の軽減、労働生産性向上による間接コストの低減など、多方面において大きな可能性を持っています。

　そして、もう一つの鍵は連携の強化でしょう。医療業界においても、近年では「競争から協調へ」という方向に政策の舵が切られ、地域の中での役割分担と連携が強く求められるようになりました。ともに地域包括ケアシステムの中心を担う社会福祉業界も、この動向と無関係ではありません。保育・教育・児童福祉や保健・医療・介護福祉、障害福祉、生活福祉などの分野が相互に連携しながらセーフティネットを張り巡らし、時には陰からやさしく見守り、時には強力な用心棒として地域社会を支えていくことが期待されています。

　本書は、この連携の強化に視点を当てています。従来から育まれてきた自主的で緩やかな連携にも発展の余地はまだまだありますし、ビジネス界では日常茶飯事となった組織再編（いわゆる M&A）も確実に社会福祉の近隣分野に浸透してきています。また、2020 年の社会福祉法改正によって創設された新たな連携の方式もあります。このような様々な連携のしくみを知り、選択肢の一つとして持ったうえで、利用者や職員を含め、経営者の皆様が思い浮かべる一人でも多くの方々の幸せのために、必要なときに最適な連携のしくみを活用して頂きたいと考えます。

（2）経営の規模拡大・協働化のメリット

　約 9 割の社会福祉法人がサービス活動収益 10 億円未満の比較的小規模な法人である、という現状について第 I 章で紹介しました。もちろん法人の規模そのものは問題視されるべきことではありません。店主の趣向を凝らした街のおもちゃ屋さんが昔も今も子どもの目を輝かせているように、たとえ小規模であっても、経営者の理念を実現して地域から愛されている

施設や法人、経営者の目が行き届き一本筋の通った魅力的な法人もたくさんあります。

一方で、前述の事業環境の変化やニーズの複雑化・多様化に柔軟に対応していくための方策の一つとして、経営統合や協働化が有効であることは従来から指摘されてきました[1]。そのメリットは、以下の2点に分けて考えることができます。

①　より広い視点からのサービス展開（競争から協調へ）

社会福祉法人には「地域を観る経営者としての視点」が求められると言われています。社会福祉法人を取り巻く経営環境が厳しくなっていく中で、ともに地域を支える法人同士が、単に利用者の獲得を巡って競争し合うだけでなく、連携や役割分担等を通じて協調していくことで、より幅広い地域住民のニーズを満たすような新たなサービスを創出することや、相談支援体制の強化等を通じてサービスをシームレスに展開することで、サービス間のシナジーを創出することも期待できます。

②　経営資源の有効活用

ヒト・モノ・カネ・情報といった経営資源の有効活用は、法人の規模拡大や協働化の重要なメリットとして挙げられます。例えば、人員不足が生じた際にスタッフの融通ができることや、施設をまたいで間接業務を集約できること、職員の人事異動や幹部登用、共同研修の実施等によって人材育成や多様なキャリアパスの構築が可能になること等は、人材の有効活用という観点からみた事業展開の大きなメリットといえるでしょう。同様に、スケールメリットを活かした資材等の共同調達や物資・設備・資金等の融通、災害や感染症等への対応に係る連携体制の整備、経営ノウハウの共有なども事業展開のメリットとして容易に理解できることと思います。周り

1）厚生労働省「社会福祉法人制度の在り方について」（社会福祉法人の在り方等に関する検討会（2014.7.4））（28頁）

【図表 2-1 経営統合・協働化のメリット】

概　要	メリットの例
より広い視点からのサービス展開	● 連携や役割分担等を通じた協調による新たなサービスの創出 ● サービス間のシナジーの創出
経営資源の有効活用	● 人材の有効活用 ● スケールメリットを活かした資材等の共同調達 ● 物資・設備・資金等の融通 ● 災害・感染症等への対応に係る連携体制の整備 ● 経営ノウハウの共有

を見渡すと、コンビニ、薬局、ホテル、銀行など、あらゆる業界において
ここ数十年の間に経営統合が進んできた理由が理解できるのではないで
しょうか。

2. 組織再編等の意義

　組織再編の手法としては、主に「合併」「分割」「買収」「事業譲渡」という4種類が挙げられます。ここでは、これらの手法について紹介していきます。なお、後述のとおり、社会福祉法人における組織再編では、制度上「分割」「買収」という手法はとりえません。一方で、地域共生社会の実現のため、社会福祉法人には様々な形での連携が期待されており、これらを本書では「法人間連携」と呼称します。また、「合併」「事業譲渡」といった組織再編と「法人間連携」をあわせて本書では「組織再編等」と呼称します。

(1) 組織再編とは

　法律の規定に基づけば、法人の統廃合や、法人を構成する事業の法人間移転（譲渡・譲受け）を行うことを総称して「組織再編」といいます。ビジネスの世界において用いられることが増えた「M&A」（Mergers & Acquisitions、直訳すると「合併と買収」）という用語とほぼ同義といえます。

【図表 2-2　組織再編の主な方法】

方　法	概　　要
合併	複数の法人を1つの法人に併合すること
分割	既存の法人を複数に分割すること ※社会福祉法人では認められていない
買収 （持分の取得）	株式等の持分の取得を通じて、対象法人の経営権を取得すること ※社会福祉法人では認められていない
事業譲渡	法人を構成する一部の事業を切り出して法人間で譲渡・譲受けを行うこと

組織再編には様々な手法がありますが、ここでは「合併」「分割」「買収」「事業譲渡」という4つの方法に分けて整理します。それぞれの方法の概要は図表2-2のとおりです。以下、それぞれの方法について解説します。

① 合併

複数の法人を1つの法人に併合することを「合併」といいます。合併には、合併により1つの法人のみ存続し、他の法人を吸収（解散）する「吸収合併」と、合併により既設の法人のすべてが解散し、新たに法人を設立する「新設合併」の2種類があります。なお、社会福祉法人の合併は、社会福祉法人間のみで認められています（社会福祉法49及び54の5）。

【図表2-3 合併のイメージ】

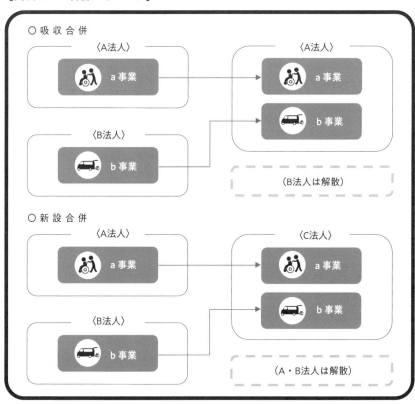

② 分割

　合併とは逆に、既存の法人を複数に分割することを「分割」といいます。分割にも合併と同様、「吸収分割」と「新設分割」の2種類があります。株式会社等の民間企業のほか、医療法人については分割が制度化されているものの、社会福祉法人については法に規定がなく、分割は認められていないため、本書では詳細な解説は割愛します。

③ 買収

　株式などの持分を取得することで、対象法人の経営権を取得することを「買収」といいます。また、経営権を取得した会社のことを「親会社」、傘下に入った会社のことを「子会社」といいます。ただし、社会福祉法人には株式のような持分の概念がないため、買収も存在し得ないことから、こちらも本書では詳細な解説は割愛します。

④ 事業譲渡

　法人全体ではなく、法人を構成する一部の事業を切り出して法人間で譲渡・譲受けを行うことを「事業譲渡」といいます。土地・建物など単なる物質的な財産だけではなく、スタッフをはじめ事業に必要な有形・無形の財産すべての譲渡・譲受けを指します。民間企業間の事業譲渡の場合には、譲渡対価として現金だけでなく譲渡先企業の株式等の交付を受けることもありますが、社会福祉法人においては想定されないため、譲渡対価が存在しない場合を除き、譲渡対価としては現金預金を前提とします。

【図表2-4　事業譲渡のイメージ】

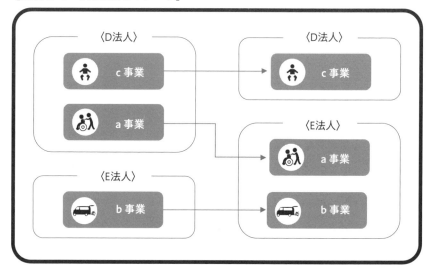

（2）法人間連携とは

　それぞれの法人の強みを活かし地域の課題などに連携して対応することや、人材確保・災害対応等などの諸課題に対し、複数の法人間で協力関係を構築することを「法人間連携」といいます。連携の範囲や内容など明確な定義はなく、法人間で互いに協力関係を築くこと全般が含まれます。相互的な関係構築・連携や社会福祉協議会を通じた連携などのほか、2020年の社会福祉法改正により創設された社会福祉連携推進法人制度を活用した連携も含まれます。この制度については第Ⅵ章で紹介します。

まとめ

　社会福祉法人における組織再編の手法としては、合併と事業譲渡という2種類の枠組みが認められています。しかし、これらの制度の存在や活用方法は認知されてこなかったこともあり、社会福祉法人の組織再編の件数

は、第 1 章でも述べたとおり、現時点では少数にとどまっています。

　一方で、人材確保や災害対応等など広範にわたり、法人間の連携は従来から行われており、全国の社会福祉協議会も重要な役割を担ってきました。しかし、従来の法人間の連携には、法人種別をまたいだ連携、県域を越えた経営資源の共有等の面で制約があり、多様化・複雑化する福祉ニーズに対応するうえで限界もありました。

　そこで、法人間連携を推進する観点から、従来の組織再編と法人間連携の中間的な選択肢として、2020 年の社会福祉法改正において社会福祉連携推進法人制度が創設されました。

　これらの制度や枠組みに優劣をつけるのではなく、それぞれの社会福祉法人の置かれた状況に応じて、これらを比較検討したうえで有効活用することが重要です。

3. 組織再編等によって期待される効果

　ここでは、どのような場面において組織再編等を検討すべきか、また、組織再編等によってどのような効果が期待されるか、という点について解説します。

(1) 法人間連携を検討すべき局面及び期待される効果

　法人間連携のメリットは、それぞれの法人のニーズに合わせて、柔軟で緩やかな繋がりを持つことができる点です。また、一法人では対応の難しい課題に対応することも可能となります。

　横の繋がりや社会福祉協議会等を通じた従来型の法人間連携については、改めて触れるまでもありませんが、近隣の他法人と定期的に意見交換を行ったり、経営上の悩みについて気軽に相談ができたりしている法人であれば、そのようなネットワークは重要な財産であるといえます。ネットワークの大きさや密度には地域差の大きいことが想定されますが、「地域を観る経営者」としての視点を持つためには、このような地域のネットワーク構築に積極的に参画し育てていく姿勢が重要でしょう。そのうえで、例えば「法人をまたいだ資金の貸付を行いたい」「職員の募集・採用活動や研修を一括して行いたい」「自治体等との間での地域住民のニーズの共有や支援のための連携を一括して行いたい」といったような、相互の利害関係が絡む、より一歩踏み込んだ連携が必要とされる場合には、**第Ⅵ章**で紹介するような社会福祉連携推進法人制度を活用した連携を検討することも有効です。

【図表 2-5　法人間連携の検討局面及び期待効果】

検討すべき局面	期待効果
法人の創設期を含む、あらゆる局面	● それぞれの法人のニーズに合わせて、柔軟で緩やかな繋がりを形成することができる。 ● 一法人では、対応が難しい課題に対応することができる。

（2）組織再編（合併・事業譲渡）を検討すべき局面及び期待される効果

　制度上は、主として対等な関係での経営統合などに用いられる「新設合併」という手法も用意されてはいますが、大部分の組織再編においては、法人又は事業を譲渡する側と譲り受ける側の両者が存在し、両者のニーズがマッチして経営統合が実現することとなります。そこで、譲渡する側と譲り受ける側のそれぞれの立場における組織再編のメリットについて解説します。

①　譲受け側の視点

　経営統合のメリットは、本章「1 組織再編等が必要とされる背景」において述べたように、より広い視点からのサービス展開や、ヒト・モノ・カネ・情報といった経営資源の有効活用等が挙げられます。組織再編を活用することにより、事業を展開したいと考える経営者にとっては、自ら許認可手続きを行い、施設の整備を行い、職員を雇用し、一から事業を立ち上げる場合に比べて、円滑に事業展開を図ることが期待できます。

　事業展開のための組織再編は、「水平統合」「垂直統合」という2つの類型に分けて整理することができます。なお、事業の種類によっては、投資家から集めた資金を手元に一時的に組織又は事業を保有するファンドが譲受け側になるケースも想定されますが、ここでは割愛します。

（ア）水平統合

　同種や類似の事業を統合することを水平統合といいます。例えば、特別養護老人ホームやデイサービス事業を経営するＡ法人が、近隣で同様に特別養護老人ホームを経営するＢ法人と統合するケースは水平統合の典型例と言えます。

　譲受け側は、積極的な事業展開の意思を有するケースもあれば、何らかの理由により経営継続が困難な法人を救済的に統合するケースもありますが、水平統合の場合、譲受け側はすでに同様の事業の経営ノウハウを持っていることから、譲り受けた施設を安定的に経営することが期待できます。利用者や職員、取引先等の利害関係者には、不安を最小限に抑えるため十分な説明が必要となりますが、特段変化をアピールする必要がない場合、施設名の変更も行わず、近隣の地域住民など周囲からはほとんど気付かれることなく経営主体が引き継がれるケースもあります。

　加えて、水平統合の場合には経営資源の共有によるスケールメリットを比較的得やすいという特性があります。例えば、購入する資材の量が２倍になれば、単価交渉により材料費を圧縮できる可能性があります。また、状況に応じてスタッフの融通ができるほか、総務や経理などの間接部門については、業務の集約化を図ることにより、人材の有効活用が図れる可能性もあります。

（イ）垂直統合

　既存の事業の川上・川下にあたる事業を統合することを垂直統合といいます。「保健➡医療➡介護」や「保育➡教育」など利用者の幅広いステージをカバーすることを企図した垂直統合や、「資材製造➡流通➡サービス」といったような最終的な利用者へのサービスとその前段階の工程などを包括して展開することを企図した垂直統合などが想定されます。前者の場合には主として、利用者の幅広いニーズに応えることで収益を確保することが期待されます。一方、後者の場合には主として、商流の中間部分のマージンを取り込むことでコストを削減する効果が期待

【図表2-6　組織再編（譲受け側）の検討局面及び期待効果】

検討すべき局面	期待効果
円滑な事業展開を図りたい局面	● 一から事業を立ち上げる場合に比べて、円滑に事業展開を図ることが期待できる ● 水平統合（同種や類似の事業を統合すること）の場合、対象施設の安定経営が可能、また経営資源の共有によるスケールメリットを享受しやすい ● 垂直統合（既存の事業の川上・川下にあたる事業を統合すること）の場合、利用者の幅広いニーズに応えることや、商流の中間部分のマージンを取り込むことでコストの削減、利用率の確保、入退院支援等を図ることが期待できる

されます。例えば、病院を経営する医療法人が社会福祉法人を設立し、特別養護老人ホーム事業を譲り受けてグループ展開するケースや、複数の介護施設を有する法人が給食を内製化しセントラルキッチン化を行ったり配食サービスを手掛けたりする場合などは、垂直統合の典型例と言えます。

② 譲渡側の視点

　譲渡側にとっての組織再編の最大のメリットは、事業を他者に承継させることで、事業自体を継続できる点です。経営の譲渡を検討するケースとしては、例えば、経営者の後継ぎがいない、事業の選択と集中により中核ではない事業を手放したい、施設が被災してしまい自力では再建を図ることができないなど、様々な理由が考えられますが、多くの場合、経営者は廃業することも頭の片隅に置きつつ、施設利用者や職員などのことを案じ、悩まれるケースが多いのではないでしょうか。組織再編により経営を譲渡した場合、利用者には引き続き施設を利用していただき、職員も新たな事業者のもとで雇用を継続してもらうことが期待できます。また、事業継続に必要な土地・建物などの施設・設備も新たな事業者に譲渡することで、これらの処分について悩む必要もなくなります。

また、経営者自らの処遇についても様々な選択肢が開けます。ご高齢等で引退を望まれる場合には、無事に事業の継続を見届け、退職金を得てリタイアすることもできるでしょうし、新たな事業者のもとで、当面の間引き続き施設長や相談役などとして雇用してもらう道もあるでしょう。組織再編は、譲渡側と譲受け側の交渉で条件等を決められる部分が多いため、早期に検討に着手することで、多くの選択肢を残すことが可能となります。

【図表 2-7　組織再編（譲渡側）の検討局面及び期待効果】

検討すべき局面	期待効果
● 事業継続が困難となっている局面 ● 事業の選択と集中を図りたい局面	● 事業を他者に承継させることで、事業を継続させることや職員の雇用を継続してもらうことが期待できる ● 廃業する場合に比べ、土地・建物等施設・設備の処分に関する悩みが減少する

4. 組織再編等における検討ポイント

（1）法人間連携・組織再編に共通する検討ポイント

　法人間連携や組織再編は、同業の他法人等と利害関係を結ぶことです。そのため、以下のような点に留意しながら進める必要があります。

①　地域の社会福祉ニーズとの適合性

　高い公益性が求められる社会福祉法人という立場から、組織再編等が地域における社会福祉のニーズに合致したものであるかどうかという検討が不可欠です。

②　経営理念・経営戦略等との適合性

　当該連携が自法人の経営理念や経営戦略と合致するもの、すなわち、連携によって得られるメリットは自法人の理念の追求や戦略の遂行をサポートするものであり、デメリットは許容できるものであるかどうか検討する必要があります。

③　相手先の適切性

　連携相手は、信頼に足る最善の相手であるかどうか検討する必要があります。連携相手となる法人の経営理念や沿革、財務状況、経営者の人柄や評判、バックグラウンドなど、連携の深度に応じた検討が必要となります。

④ プロセスの透明性・適法性

連携の手法や影響度により利害関係者の範囲は異なりますが、混乱やトラブルを避けるため、施設利用者や役職員、地域住民等など適切な利害関係者に対して丁寧な説明を行う必要があります。

また、組織再編など、連携の手法によっては行政への事前相談や手続が必要となるものもあります。所轄庁の許認可や定款変更・登記など、法令に則った手続ができるよう、行政への早めの相談・確認が重要です。

【図表 2-8　法人間連携・組織再編に共通する検討ポイント】

1	地域の社会福祉ニーズに合致しているか？
2	自法人の経営理念や経営戦略に合致しているか？
3	相手先は信頼に足る適切な相手か？
4	説明責任を果たし、かつ適法なプロセスを行うロードマップはできているか？

（2）法人間連携の検討ポイント

法人間連携には様々な形があるため、状況に応じて参加するメリット・デメリットを比較検討しながら判断する必要があります。従来型の法人間連携は、緩やかな連携が中心であり、参加や脱退はあくまでも法人の自主的な判断によって決定されるものです。そのため、それぞれの法人において負担感の少ない内容であれば合意形成が比較的容易である一方、資金面や人事面など、踏み込んだ内容の連携は進めづらいという側面もあります。特定の法人に負担が偏り、中長期的な視点に立った場合に協調関係が損なわれるような不公平な内容の連携になっていないかという点については留意すべきでしょう。また、社会福祉法人は法人外への対価性のない資金流出が禁止されているため、法令に抵触した連携内容になっていないかという点にも留意が必要です。

2020年の社会福祉法改正により創設された社会福祉連携推進法人制度は、前述した従来型の緩やかな法人間連携と、組織再編による経営統合の中間的な連携の選択肢として、例えば資材の共同購入や役職員の出向、資金の貸付など、従来型の連携では実現が難しかった踏み込んだ内容の連携も想定されており、今後の活用が期待されます。現時点ではまだ制度施行前でありますが、今後この制度の活用を検討する際には、早期から所轄庁や専門家等も交えて協議すると良いでしょう。

【図表 2-9　法人間連携の検討ポイント】

1	中長期的な視点に立った公平な協調関係が期待できるか？
2	従来型の連携より、さらに踏み込んだ内容の連携が必要な場合、社会福祉連携推進法人の活用も検討しているか？

（3）組織再編の検討ポイント

個々の組織再編の手法についての検討ポイントについては**第Ⅳ章**にて詳述するため、ここでは、譲受け側と譲渡側のそれぞれの立場から、検討すべきポイントについて概説します。なお、組織再編には一連の流れがあり、検討すべきポイントや求められる知識も多岐にわたることから、プロセスの全般を通じて、あるいは一場面において、専門知識を持つ外部のアドバイザーを起用して行うことが一般的です。

①　譲受け側の視点

譲受け側にとっては、事前に想定した事業展開の効果を期待通りに得ることができ、地域の社会福祉の増進に資するものとなることが何より重要となります。そのため、繰り返しにはなりますが、規模の拡大が地域における社会福祉のニーズに合致したものであるかどうか、また、法人の経営理念や経営戦略に合致するものであるかどうか、といった検討が不可欠となります。規模拡大の合理性や事業譲渡における支払対価の合理性につい

て、他の役員や評議員はもちろん、利用者や職員、所轄庁や地域住民等に対して、公明正大に説明できる必要があります。拡大後の経営計画や資金計画に無理や矛盾がないかどうかの検討も重要です。なお、合併・事業譲渡とも、所轄庁が関わる手続等が多くあることから、できるだけ早期に所轄庁に事前確認・協議を行う必要があります。

　組織再編の流れについては**第Ⅲ章**にて詳述しますが、合併や事業の譲受けに先立ち、譲り受ける候補先となっている法人や施設について入念な調査が必要となります。このような調査はデューデリジェンスとも呼ばれ、候補先のバックグラウンドやガバナンス体制、経営状況や財産の状況、法令順守の状況、税務上のリスクの有無など、その調査範囲は多岐にわたることが一般的です。「施設が必要な許認可を受けていなかった」「譲り受けたはずの財産の一部が棄損されていた」「利用者や職員との間に重要な訴訟を抱えていた」などといったような譲受け後の不測のリスクを最小限に抑え、また、事業譲渡（譲受）の場合にはその適正な対価の水準を見極めるために重要なプロセスとなります。

　このような調査と前後して、候補先の経営者との間で、様々な話し合いや交渉も必要となります。組織再編は様々な条件面において双方の合意に委ねられる部分が大きいことから、契約後のトラブルを防ぐためにも、細部まで双方納得のうえ、文書による記録を残し、必要に応じて合併や事業譲渡の契約に織り込むことが重要です。

　契約を締結し、合併日や事業譲渡日を迎えれば、対象となる法人や事業は新たな経営主体のもとで再スタートを切ることとなります。

　しかし、組織再編のプロセスはこれで終わりではありません。組織再編を成功に導くためには、PMI（Post Merger Integration、直訳すると「合併後の統合」）と呼ばれる、譲り受けた法人や事業を自らの法人の一部として統合（すり合わせ）していくプロセスが鍵を握っているといっても過言ではありません。PMIは、実際には統合前から統合後にわたり継続するプロセスであり、その領域はガバナンス体制・人事制度・システム環境・業務手順といったハード面から経営理念・組織文化といったソフト面まで

多岐にわたります。どちら側の要素をどの程度残すべきか、どの程度まで統合していくべきかはケース・バイ・ケースですが、いずれも経営者の強いリーダーシップの下で実行していくことが重要です。

②　譲渡側の視点

　譲渡側にとっては、譲渡後にも継続を期待する部分（例えば、利用者の利便や職員の処遇等）について継続性が担保されるかという点と、譲渡によって継続が断たれる部分（例えば、経営者や退職希望者の処遇等）について十分な手当てがなされるかという点が重要でしょう。譲渡側が希望する条件を極力多く実現するためには、時間的余裕を確保することと、譲渡する法人や事業の価値（魅力）を高めておくことが重要です。

　まず、後継者が全く定まらない状況下で不幸にして施設長兼経営者が急逝してしまった場合や、次の賞与支給もままならないほど資金繰りが悪化してしまった場合など、時間的制約が大きく「すぐにでも譲渡したい」という状況に陥った場合、取り得る選択肢は狭まり、仮に譲渡先候補が見つかった場合であっても、多くの場合その条件は厳しいものになってしまいます。そのため、組織再編の検討（あるいは組織再編を回避するための方策の検討）は早期に着手することが鉄則です。

　次に、これもあたりまえの話ですが、譲渡を希望する法人や事業が価値ある、魅力あるものであればあるほど、引受先の候補は増え、条件的にもより有利な条件での譲渡が可能となります。「①譲受け側の視点」で紹介したように、譲受け側ではデューデリジェンスと呼ばれる調査を行い、譲り受けるのにふさわしい法人や事業であるかどうか評価を行います。譲渡側としては、その際に印象を悪化させ得るような要因を事前に整理して取り除き、逆に好印象を与えられるような要素をひとつでも増やしていくことが望まれます。これは、表面上を取り繕うということでは決してなく、法人や事業の価値（魅力）を高めておくことを意味しています。直近数年間の経営状況の推移は確実に評価対象となるため、繰り返しにはなりますが、ある程度の時間的余裕をもって対応できることが望まれます。

【図表 2-10　組織再編の検討ポイント】

1	組織再編の採否を適切に見極め、組織再編を成功に導くため、外部アドバイザーの活用を検討したか？
2	契約に至るまでの調査や交渉、諸手続等（譲渡側であればそれに加えて事前の事業の整理や事業価値の向上）に十分な時間を掛けられるよう、余裕をもったスケジューリングができているか？
3	譲渡対価が支払われる場合には、対価は合理的に、透明性をもって算定されているか？

まとめ

　従来型の法人間連携は、緩やかな連携であり、参加するハードルが低い反面、資金面や人事面など踏み込んだ連携には繋がりにくいという側面もあります。参加・脱退は各法人の判断に委ねられるため、負担や利害関係に偏りがでないような公平な連携を築くことが中長期的な観点から重要となります。

　組織再編は、譲渡したい側と譲り受けたい側双方の合意が何より重要です。近隣の気心知れた法人間で行われることもありますが、多くの場合は、デューデリジェンスという比較的短期間の調査や交渉を経て契約に至ることから、「お見合い結婚」に例えられることもあります。双方にとって満足度の高い組織再編を実現するためには、互いに時間的余裕をもって、複数の選択肢がある状況下で手続や交渉を進められることが望まれます。

　また、2020年の社会福祉法改正によって創設された社会福祉連携推進法人制度は、従来型の法人間連携と組織再編の中間的な選択肢であると捉えることができ、今後の活用が期待されます。

　どのような手段を選択するにしても、社会福祉法人には高い公益性を発揮し、地域の社会福祉の充実に貢献する姿勢が求められます。当事者間だけではなく、利用者や職員、取引先や金融機関、所轄庁や地域住民など、幅広い利害関係者に歓迎されるような連携を目指されることを期待しています。

〈参考文献〉

・みずほ情報総研株式会社「社会福祉法人の事業拡大等に関する調査研究事業報告書」
（2020 年 3 月）（厚生労働省 令和元年度生活困窮者就労準備支援事業費等補助金
社会福祉推進事業）

・厚生労働省「社会福祉法人の事業展開等に関する検討会（第 4 回）」資料（2019 年
10 月 29 日）

・社会福祉法人の在り方等に関する検討会「社会福祉法人制度の在り方について」
（2014 年 7 月 4 日）

・桂木麻也『図解でわかる M&A 入門 買収・出資・提携のしくみと流れの知識が身に
つく』（翔泳社、2020 年）

・矢野好臣、余語光『医師・看護士を守り地域医療を存続させる病院 病院 M&A』
（幻冬舎、2020 年）

・黒川行治『会計と社会 公共会計学論考 慶應義塾大学商学会商学研究叢書 21』（慶
應義塾大学出版会、2017 年）

第Ⅲ章

組織再編等の
流れ

1. 組織再編等の プロセスの全体像

　第Ⅱ章では組織再編等の意義について解説しましたが、改めて社会福祉法人で想定される組織再編等を整理すると**図表3-1**のような類型になります。

　組織再編等を決断する経営者にとって、経営不振や後継者問題等理由は様々かと思いますが、特に社会福祉法人のように行政や地域住民等との相談や交渉等が求められる組織体であれば、なおさら自らの判断だけですぐさま物事を進めることはできません。そのため、**図表3-1**の類型ごと、さらに個別案件ごとで細かい手続は異なるものの、組織再編等の大きな流れとしては**図表3-2**のようになります。

　詳細は次節以降で解説しますが、事前検討フェーズとは、まずは自らが分析検討したうえで計画を立案、準備をする段階です。組織再編等は非日常的な取引であり、法人内にそのような専門家が存在することは稀なことと思います。同族間であれば再編等の後も環境の変化はあまりないかもしれませんが、通常は第三者との取引となることが多いため、やはりその道のプロに依頼し専門家の知見を借りながらプロセスを進めていくことになります。

　交渉フェーズとは、買い手と売り手の当事者それぞれが持っている要望を主張する段階です。お互い見知らぬ相手との交渉は非常に困難を極めます。特に相手を客観的に知るためのデューデリジェンスを行うことがこのフェーズの重要なプロセスとなります。

　実行フェーズでは、言葉どおり、それまでの過程で得られた情報をもとに契約書等に条件を明文化し、決定していくとともに諸手続を進めていく

段階です。

　最後に、PMI（Post Merger Integration）フェーズとは、組織再編後の効果を最大化するために、事前検討フェーズから実行フェーズ、組織再編等の実行後にわたり継続する組織間を統合するプロセスです。

　組織再編等は、そもそも法人文化の異なる組織が交わることから、お互いの良いところが合わされば相乗効果、シナジー効果が現れるでしょうし、その逆も想定されます。職員や地域住民を含む利害関係者への影響が大きいことから、再編後に思わぬ落とし穴が見つからないよう、各フェーズにおいて十分に検討し、当初想定したシナジーを最大化できるよう慎重に進める必要があります。

【図表 3-1　組織再編等の類型】

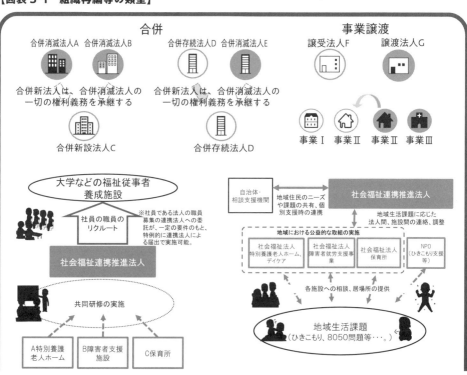

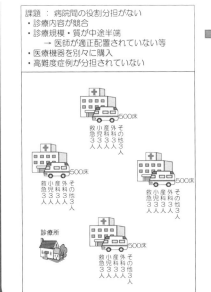

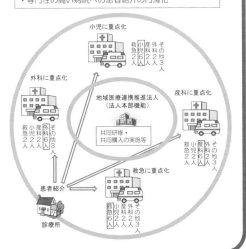

出所：厚生労働省 医政局医療経営支援課「医療法の一部を改正する法律について（平成27年改正）
（地域医療連携推進法人制度の創設・医療法人制度の見直し）」、厚生労働省 社会・援護局福
祉基盤課「社会福祉連携推進法人の施行に向けた検討について」（社会福祉連携推進法人の運
営の在り方等に関する検討会（第1回）（2020.11）資料2）

【図表 3-2　組織再編等の流れ】

2．事前検討フェーズ

事前検討フェーズで検討が必要なポイント
(1)　戦略の策定（組織再編等を実行する目的の明確化）
(2)　組織再編等の対象となる法人の調査
(3)　所轄庁等への事前相談、協議
(4)　組織再編実行上のリスクの把握
(5)　将来事業計画の作成

(1) 戦略の策定（組織再編等を実行する目的の明確化）

　組織再編等を行う場合、多くの利害関係者に影響を及ぼすことが想定され、社会福祉法人としての説明責任も伴います。よって、まずは組織再編等を行うことが法人にとっても、職員や地域にとっても最良の策になり得る状況なのか自らの現状を把握・分析し、組織再編等が今後、法人が採るべき戦略に適っていることを確かめる必要があります。

▶譲渡側の視点

　合併にしても事業譲渡にしても、最も影響を受けるのは譲渡側の法人となります。例えば、経営難から事業譲渡を行おうとする場合、今一度、自法人の財務状況を分析し、自力での経営改善が困難であるのかどうか検討が必要です。検討結果によって、緩やかな法人間連携により利用者等の獲得増やコスト削減等が見込まれるのであれば経営環境が改善できるレベルなのか、事業譲渡や合併により法人の全部又は一部を譲り渡すところまで必要なのかを判断する必要が出てきます。

そのような過程を経て組織再編等が必要と判断されたならば、今度は適切な時期に適切な価格で譲り渡すため、組織再編後の戦略を策定し、その意思決定を行う必要があります。

▶譲受側の視点

社会福祉法人を取り巻く環境は厳しさを増しており、ある程度の規模を持つことで、人材の確保や、複雑化、多様化する福祉サービスニーズへの対応が可能となります。そこで、普段から自法人の強み弱みを分析し、自法人にない部分（現状で事業範囲としていない特定の介護事業等）や伸ばしたい部分（特定の地域の利用者確保等）を把握しておく必要があります。そのうえで、メインバンクや投資銀行、所轄庁（監督官庁）にも事前の相談を持ち掛けておき、想定していた条件に適う案件が出てきたら直ちに調査に移れるように準備しておくことが重要です。

（2）組織再編等の対象となる法人の調査

一般企業の組織再編でさえ相手が誰でもよいというわけではありません。とりわけ社会福祉法人の組織再編では、公益性や非営利性を十分に考慮し、再編後も良質かつ適切な福祉サービスが安定して提供されることが求められることから、対象法人の調査は慎重に行う必要があります。そのため、一般的には組織再編等に精通した専門家を選定することが多くなっています。この専門家の選定を誤ると後々のトラブルに繋がりますので、まずは信頼できる顧問弁護士や公認会計士、税理士及びメインバンク等と相談しながら選定することが重要です。

▶譲渡側の視点

組織再編等に必要な情報の収集及び調査を行う必要があります。組織再編等の相手方となる候補先の選定等も含めて、前述した専門家に任せることが一般的ではありますが、丸投げ状態とならないように法人内に組織再編等のために組成された委員会等や組織再編室のような臨時の部署を設けて法人としての要望等をこの段階から反映させていくことが重要です。

なお、情報収集及び調査の段階では、財務状況等の定量的な情報以外に、法人の地域における強み等定性的な情報も集められることになります。専門家に依頼した場合、このあたりのヒアリングが行われますが、大事なことはこの段階で抱えている労務問題や利用者等との訴訟案件、その他行政指導による返還金等の事実など、法人が抱えている問題以外に、理事長等が個人的に抱えている債務等の課題も含め専門家とよく協議をしておくことが重要です。後で、譲受側のデューデリジェンス等で発覚するとその後の交渉が非常に困難となります。

このような情報収集の結果として譲渡法人の法人情報資料が作成され、後に譲受法人にとっての検討資料となります。

▶譲受側の視点

戦略の策定に記載した内容と重なりますが、自法人の分析結果をもとに、譲受対象として大まかな条件を設定し、広く対象となる法人をリストアップしておきます。さらに具体的な戦略を練ることができれば、この後の交渉フェーズを念頭に先ほどのリストをさらに絞り込んでいくことになります。

（3）所轄庁等への事前相談、協議

合併の場合、社会福祉法では社会福祉法人同士の合併のみ認められており、所轄庁の認可が必要とされています。よって、合併の趣旨や目的、背景等に加えて、（1）で記載したような内容を所轄庁と事前に共有し相談しておくことが必要です。

また、事業譲渡の場合も、社会福祉事業は所轄庁の認可が必要とされている事業が多々あり、事業譲渡を実施できる法人格が制限されている場合もあります。さらに、基本財産の移動を伴うこともあります。そのため、相手方（対象法人）を調査する段階で、再編後も事業を継続できる事業者かどうかを検討する必要がありますし、そもそも事業譲渡が可能な状況なのかといった、所轄庁等への事前相談、協議が欠かせません。

（4）組織再編実行上のリスクの把握

　組織再編等を実行すれば、すべて円満解決ということにはならない場合も往々にしてあります。そこで、事前に組織再編等によって生じ得るリスクを想定し、その対応策を協議しておくことが、事後のトラブルを未然に防ぐことにつながります。

　例えばですが、（2）や（3）で記載したような専門家の選定誤りにより思わぬリスクを背負うことになったり、所轄庁等との事前相談がなかったために行政との折衝が難航してしまうことが想定されます。

　この他、組織再編情報が職員や地域住民に漏えいし、拡散されることも想定されますが、この場合、金融機関による融資の打ち切りや職員によるストライキ、集団退職等、その影響は特に大きなものとなる可能性もあることから何としても防ぐ必要があります。対応策についてはこの後の「3.交渉フェーズ」で解説します。

【図表 3-3　組織再編実行上の想定されるリスク】

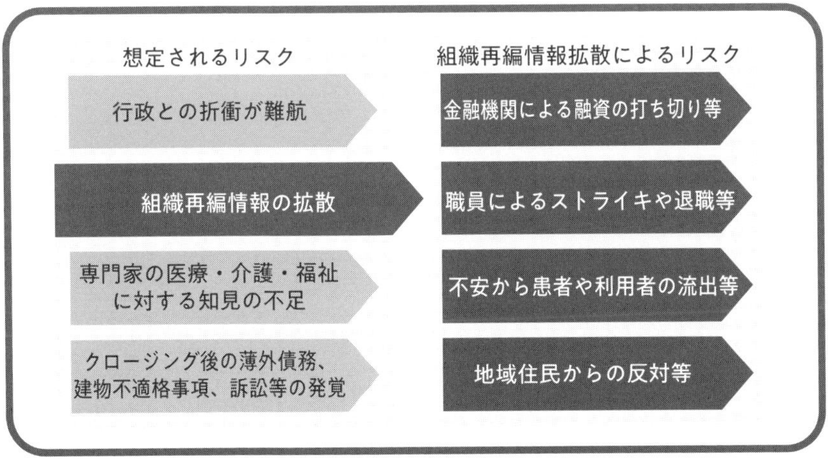

想定されるリスク

- 行政との折衝が難航
- 組織再編情報の拡散
- 専門家の医療・介護・福祉に対する知見の不足
- クロージング後の薄外債務、建物不適格事項、訴訟等の発覚

組織再編情報拡散によるリスク

- 金融機関による融資の打ち切り等
- 職員によるストライキや退職等
- 不安から患者や利用者の流出等
- 地域住民からの反対等

（5）将来事業計画の作成

　組織再編等を行った結果、どのような将来像が見えてくるのか、社会福祉法人としての説明責任の観点からも、将来事業計画を作成することが重要になります。

　以下、図表 3-4 には、将来事業計画の作成上の留意点が示されていますが、組織再編等が決してオーナーの自己満足や私腹を肥やすために行われているわけではなく、社会福祉法人としてより地域の医療、介護、福祉サービスの向上に資するものであると示されることが期待されます。またそれは、絵に描いた餅ではなく、実現可能な根拠あるものであることが重要です。

【図表 3-4　将来事業計画の作成上の留意点】

> 1)　法人理念や合併、事業譲渡の理念が反映されているかどうか
> 2)　事業戦略（事業展開、サービス提供など）、人事戦略（賃金制度、採用計画など）、財務戦略（資金調達、使途）といった各個別戦略との整合性があるかどうか
> 3)　具体的かつ合理的に数値化されているかどうか
> 4)　根拠が明確化されているかどうか
> 5)　社会福祉充実計画等の内容と不整合がないかどうか

出所：厚生労働省「合併・事業譲渡等マニュアル」

3. 交渉フェーズ

交渉フェーズで検討が必要なポイント
(1) 秘密保持契約の締結
(2) 事業価値（対価）価値の試算
(3) 組織再編等のスキームの検討
(4) 基本合意書の締結
(5) デューデリジェンス

(1) 秘密保持契約の締結

　交渉フェーズでは、事前検討フェーズの結果、候補となった相手先との接触となります。

　一般的には、専門家、仲介する業者等によって譲渡側の法人名が明らかにされないノンネームの概要書によって譲受側の関心度を測り、関心を示した法人と秘密保持契約を締結したうえで、詳細な法人情報等の資料を提供し、法人間のマッチング作業が始まります。譲受側の法人にとっては、他法人の生の経営資料が入手できることから非常に有意義な情報となります。ただし、医療や介護の場合、ノンネームの概要書であっても法人名が特定されてしまうという、先に示した情報拡散のリスクがあります。秘密保持契約が締結されたからといっても、情報を知る人物の限定や窓口の一本化など組織的に対応しないと、情報が漏えいしてしまい、思わぬリスクが顕在化しかねないため、細心の注意が必要となります。なお、秘密保持契約を締結する際には理事会の承認又は報告が行われることが一般的です。

（2）事業価値（対価）の試算

　一般的に譲渡側と譲受側との間には情報格差があるため、譲受側は様々なリスクを見込んで買収価値を低く見積もる傾向が見られます。一方、譲渡側はと言えば、例えば、特定の事業を売却する場合、当該事業の現状と将来予測を比較的容易に行えることから、譲受側よりは適正な価格を見積もることができると考えられます。これらの情報格差をある程度埋めるのが以下で記載するデューデリジェンスであり、一旦は専門家等に試算してもらうことが必要になります。一般的な承継資産の試算方法としては、時価純資産価額法、DCF 法、類似取引比較法等が挙げられます（「第Ⅴ章デューデリジェンス」参照）。これらの参考値をもとに、その後は条件等の交渉を重ねて、双方合意のもと、譲渡対価が決定されます。

（3）組織再編等のスキームの検討

　一般企業の場合、組織再編の形態は多様であり、法人格すべてなのか特定の事業なのかだけでなく、吸収するのは親会社なのか子会社なのか、はたまた子会社化するのかなど、持分の取得方法等でどの選択肢を採用するのか検討することが多くあります。一方、社会福祉法人の場合、組織再編として想定されるのは合併又は事業譲渡であり、ある程度事前検討フェーズで方針が固まっているため、この段階で形態を議論することは多くないと思われます。

　ただし、所轄庁との協議の結果、社会福祉法人としての公益性や非営利性を鑑みて事業を譲渡せず、地域共生社会の実現のために、行政からの支援を受けながら法人間連携を進める道を選択する可能性等もあるため、事前検討フェーズでポイントとした所轄庁等との相談は継続して実施しておく必要があります。

（4）基本合意書の締結

　組織再編等が円滑に進められるよう、基本合意書を締結します。基本合意書の締結と次に記載するデューデリジェンスについてどちらが先になるかはケース・バイ・ケースではありますが、基本合意書を締結した後にデューデリジェンスを行う場合、基本合意書の条項のうち独占交渉権や守秘義務等の条項以外には法的な拘束力を持たせないことが多いと考えられます。

（5）デューデリジェンス

　最終的な契約を締結した後、預金や不動産等の資産の不存在、簿外債務や偶発債務等の存在が判明してトラブルとならないよう、事前に譲受側で資産査定を行う必要があります。

　デューデリジェンスについては第Ⅴ章で詳細に記述しますが、デューデリジェンスには（2）で示した財務的な価値の査定という目的以外に、その他組織再編にあたりリスクとなる事項の抽出という目的もあります。このリスクの洗出しを適切に行えるかどうかが成否を決めるといっても過言ではありません。デューデリジェンスによって、事前検討フェーズの図表3-3のリスクに備えることができ、価値の算定に反映させることができます。

4．実行フェーズ

実行フェーズで検討が必要なポイント
(1)　デューデリジェンスから得られた情報の評価と対応
(2)　契約書の作成
(3)　事前（事後）開示手続
(4)　評議員会等の承認決議
(5)　所轄庁の認可
(6)　最終契約の締結
(7)　クロージング

(1) デューデリジェンスから得られた情報の評価と対応

　交渉フェーズにおいて行ったデューデリジェンスから得られた情報をも
とに、最終的な事業価値（対価）を決めていきます。デューデリジェンス
では、財務以外にビジネスや法務、人事などの分野についても査定を行い
ますが、組織再編等の実行後にも影響を及ぼすものであれば対価に反映さ
せる、もしくは、契約において当該リスクが軽減又は除去されるように明
記すること等で対応することが考えられます。

(2) 契約書の作成

　デューデリジェンスの結果等を踏まえて、組織再編等の権利義務関係に
ついて法的拘束力を持つ契約書を締結します。それまで曖昧になっていた、

例えば、再編日前に存在する未収金や在庫の取扱い等も含めて契約書に明記しておくことが望まれます。これは後々、言った言わないの議論にならないために重要なことですが、特に社会福祉法人等の非営利法人では部署の異動や退職者が多いことから、交渉を行っていた担当者が組織再編等の実行後に不在ということも考えられるため、交渉の結果決まったことはできる限り明文化しておくことが重要となります。

　また、クロージング後に予期せぬ損害賠償責任を負わされたり、訴訟のリスクも想定されます。そのため、クロージング前後で行うべき義務や、譲渡側による一定の表明保証等を契約書に反映させることについても検討が必要です。ただし、譲渡側は対象施設や対象事業について、クロージング後は状況把握ができないことから、事後的に補償等の影響が生じないような防御策を文書に仕組んだり、責任の範囲を狭めるような文書にできるように交渉することも必要かと思われます。

（3）事前（事後）開示手続

　合併の場合、消滅法人は合併契約の決議を行う評議員会の日の2週間前の日から登記の日まで、存続法人は登記の日から6か月間契約の内容や省令で定める事項を開示しなければなりません（社会福祉法51、54）。

（4）評議員会等の承認決議

　合併の場合、消滅法人及び存続法人において評議員会の承認決議が必要となります（社会福祉法52、同54の2）。新設合併の場合は、これに加え、設立にあたり定款を作成することとなります（社会福祉法施行規則6①二）。
　事業譲渡の場合、重要な財産の処分・譲受けに関する承認決議のほか、基本財産の取得（処分）、定款変更等について評議員会の承認決議が必要となります（定款例29、社会福祉法45の36）。

（5）所轄庁の認可

　合併の場合、合併自体に所轄庁の認可が必要となります。合併理由書等を添付して申請を行いますが、事前検討フェーズから必要に応じて所轄庁との折衝を重ねていれば、この段階であわてることはありません。必要な書類を提出するだけとなります。

　事業譲渡の場合、基本財産処分や定款変更について所轄庁の承認が必要となります。また、譲渡に伴って施設の運営に支障がないよう、譲渡法人で施設の廃止申請、譲受法人で施設の設置申請等をスムーズに行えるような調整も必要となります。

（6）最終契約の締結

　合併の場合はさらに債権者保護手続が必要となりますが、基本的にはこれまで記載したような内部及び外部の承認を受けて、相手方と最終の契約書を締結することができます。

（7）クロージング

　最終契約書に定められた内容の取引を実行することをクロージングと言います。クロージングに際しては、価格調整の基準となるクロージング日の財務状況に想定しない事象が発生していないか、また禁止条項の実施の有無等についても必要に応じて確認します。

　組織再編等の一連の流れは一旦ここまでですが、存続する法人にとっては、クロージングからが始まりであり、実行の意義が問われることとなります。

5．PMI フェーズ

　PMI（Post Merger Integration）とは、「組織再編における組織の統合作業」です。PMI は、**第Ⅱ章**でも開設したとおり、実際には統合前から統合後にわたり継続するプロセスであり、その領域は、ガバナンス体制・人事制度・システム環境・事務手順といったハード面から経営理念・組織文化といったソフト面まで多岐にわたります。

　ところで、皆さんは「組織の常識は世間の非常識」という言葉をご存じでしょうか。これは文字どおり、ある組織で使われている常識は他の組織では通用しないということを意味しています。組織再編等が行われた場合、それまで異なる組織で仕事をしてきた人間が、ある日から同じ組織で仕事をすることになります。そして、異なる組織で仕事をしてきた者同士が、同じ１つの組織で仕事をする場合に、お互いの旧組織での常識が相手に伝わらない、もしくは間違って伝わってしまう可能性があります。特に、社会福祉法人においては、この僅かなコミュニケーションのずれが利用者の事故に繋がる恐れがあります。

　この事故を防止するために必要となるのが、組織再編等における組織の統合作業、いわゆる PMI（Post Merger Integration）です。これは、すでに多くの組織再編事例がある民間企業においても最も重要かつ難しいフェーズと言われており、組織再編等の成否に大きく影響します。先ほど PMIを組織再編後の組織の統合作業と解説しましたが、成否を握る非常に重要なフェーズであることから、厳密には、本章**第１節**で紹介しているとおり、**事前検討フェーズから実行フェーズ、組織再編等の実行後にわたり継続して実施することが重要です。**

組織再編等は基本的に、トップマネジメント層同士で秘密裏に進められることが一般的であり、契約の合意がなされた時点で満足してしまう傾向にあります。もちろん、新法人名の決定や人事などトップマネジメント層により合意決定される契約の内容は非常に重要です。しかし、このような事項がトップマネジメント層により決定されることと、1つの組織として明日から通常業務をスタートできるか否かは全く別物です。

　では、具体的にどのような点をPMIフェーズにて検討すればよいかを以降で解説します。

PMIフェーズで検討が必要なポイント
(1)　組織再編等の目的の全職員への共有（ソフト面）
(2)　シナジー効果創出に向けた体制の整理（ハード面）

(1) 組織再編等の目的の全職員への共有（ソフト面）

　組織再編等にあたって、最も重要なポイントは目的の全職員への共有です。組織再編等の目的は、法人によって様々ですが、地域のニーズによって対応するためや経営の効率化のためなどが一般的です。これらの目的が全職員に共有されていない場合には、現在の労働環境から一変することに対する職員の不信感を招き、結果としてシナジー効果の消失・職員の離職率の増加など、様々なデメリットが生じる恐れがあります。例えば、社会福祉法人で運営する介護福祉施設や病院においては、施設や病棟内で使用される独自の表現用語（利用者や診療科などの呼び方など）が存在することも多いと思われます。そのような独自用語は、組織内独自のものになりますので、もちろん他の組織では使用されていません。ミスコミュニケーションを防ぐためには、独自用語を共通化する作業が必要となってきますが、やみくもに明日からは共通の独自用語を使ってくださいと新メンバーに伝えたとしても、長い間の慣習などから強い抵抗感を感じ、独自用語の共通化に非常に時間を有するもしくは時間が経っても共通化されないケー

スがあるかもしれません。そのような状況を放置した場合には、先述のとおり、コミュニケーションのずれを招き、患者・利用者の事故に繋がる恐れがあります。そこで、実行フェーズにて基本契約の合意に至った時点で、マネジメント層からトップダウンにより、全職員へ組織再編等の目的を事前に伝達し、組織再編後速やかに独自用語の統一化を図るなどの、目的達成に向けた行動を促すことが重要です。

（2）シナジー効果創出に向けた体制の整理（ハード面）

組織再編等の目的は、それぞれの法人が現状を踏まえ、かつ、将来を見据えて、持てる強みをより一層強化したり、弱みを補強・改善することによって相乗効果（シナジー効果）を創出することにあります。この目的を達成するためには、図表3-5に記載のように、経営基盤、診療・介護・福祉などの施設機能及び制度面の統合という段階に分けて、組織の一体感を醸成すべきポイントを洗い出し、事前検討フェーズから実行フェーズ・実行後に至るまで継続して統合手続を進めていくことが有用です。

経営基盤の統合については、理事会の構成・社会福祉法人グループとしての経営理念の統一など、組織において最も重要な検討項目であり、統合後の経営の実施に向けた意思決定機関の明確化はもちろん、意思決定の情報伝達方法の仕組み等が綿密に検討される必要があります。次に、診療・介護・福祉などの施設機能の統合については、統合法人全体の最適化を図るために意思決定機関が決定したポジショニングに基づいて、実際に各施設の機能を決定し、現場レベルに落とし込む作業が必要となります。最後に制度・業務の統合について、人事、IT等の領域においても統合は必要です。特に、人事評価制度については、M&A後に生じる格差を生み出す要因になりえます。従業員のモチベーションの向上と人件費の負担バランスを考えながら取り組む必要があります。

【図表 3-5　整備すべき体制面】

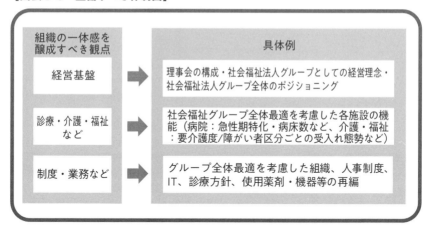

〈参考文献〉

・厚生労働省 社会・援護局福祉基盤課長通知 「社会福祉法人の事業展開等に係るガイドライン」（社援基 0911 第 2 号・2020 年 9 月 11 日）

・厚生労働省「合併・事業譲渡等マニュアル」（2020 年 9 月 11 日）社会・援護局福祉基盤課事務連絡

・みずほ情報総研株式会社 「社会福祉法人の事業拡大等に関する調査研究事業報告書」（2020 年 3 月）

・厚生労働省 社会・援護局福祉基盤課「社会福祉連携推進法人の施行に向けた検討について」社会福祉連携推進法人の運営の在り方等に関する検討会（第 1 回）（資料 2）（2020 年 11 月）

・厚生労働省 医政局医療経営支援課「医療法の一部を改正する法律について（平成 27 年改正）（地域医療連携推進法人制度の創設・医療法人制度の見直し）」

第 IV 章

組織再編の
手法

1．基本的な考え方

（1）ストラクチャー選択の重要性

　事業戦略上の一定の目的を実現するにあたり、組織再編等の手段を利用するには、どのような手順で進めるのか、また、一般的に利用される手法、留意すべき制度にはどのようなものがあるのかを把握しておく必要があります。本書では、この手順、手法全体を「ストラクチャー」と呼称します。手順については、①目的を実行するために望ましいストラクチャーの検討、②そのストラクチャーの特徴及び留意事項をもとにしたリスクコントロール、③具体的に実現するための手続の検討、に分けて考えることができます。本節では①目的を実行するために望ましいストラクチャーの検討について記載します。

　組織再編等は譲渡側、譲受け側だけではなく、対象法人の役職員、取引先や金融機関など、多くの利害関係者に重大な影響を与えることから、利害関係者は自己の立場や利益を保持するため、それぞれの主張を訴えます。そのため、譲渡側、譲受け側それぞれが事前に検討したとおりにすんなりとはいかないことが多く、解決課題に優先順位をつけながらできるだけ目的が達成できるようにストラクチャーを選択し、詳細を検討していきます。

　選択したストラクチャーは、調査すべき項目や範囲等、その後の手順に大きな影響を与えるため、できるだけ早期にストラクチャーを決定し、それに基づいて計画的にプロセスを遂行することが必要となります。

（2）ストラクチャー選択時の検討内容

　社会福祉法人において用いるストラクチャーのうち、合併については社会福祉法人法により社会福法人同士の合併のみが認められています。事業譲渡（譲受け）については、社会福祉法人だけでなくそれ以外の法人から譲り渡しもしくは譲り受けることができます。

　また、合併や事業譲渡よりも結びつきの程度の弱いストラクチャーとして法人間連携や社会福祉連携推進法人を用いた対応が考えられます。これらを踏まえて、どのようなケースにおいてそれぞれのストラクチャーが選択されるかを解説します。

①　法人間連携（社会福祉連携推進法人制度の活用を含む）

　法人間連携のメリットは、法人理念や文化を強制的に統合することなく、双方で合意した業務について他法人と共同利用を行い、経営資源の有効活用を行うことです。また、社会福祉連携推進法人においては加入している法人内で資金貸借を行うこともできます。

　一方、デメリットとしては、経営方針や資金繰りが法人間で異なっていることから共同利用できる業務が限られ、費用削減が期待できる資材の共同購買などの踏み込んだ法人間連携の運用が難しい場合がある点が挙げられます。また、社会福祉連携推進法人においては、**第Ⅵ章**で後述する通り、一般社団法人として所轄庁に申請するなど一定の設立手続を要し、また、社会福祉法人間で共同運営を続けていく必要があり、社会福祉連携推進法人内の管理・調整コストが発生します。

　社会福祉法人については、比較的小規模な法人が多いことから、統合するまでの必要性は感じていないものの、資産の有効活用を行うために、例えば隣接する市区町村で同業の障害福祉を行っている社会福祉法人間が送迎バスを共同で運営することや共同で職員の研修を行うことなどが挙げられます。

② 事業譲渡

事業譲渡のメリットは、ヒト・モノ・カネ・情報を共有することで次の
メリットを得られることが挙げられます。

（ア）新たな社会的ニーズへの対応

福祉事業に関しては増加する高齢者と共働き夫婦の増加による待機児
童への対応という社会のニーズが高まっています。社会福祉法人には、
老人福祉、児童福祉及び障害福祉それぞれを単独で運営している法人が
多いですが、例えば今まで特別養護老人ホームのみを運営していた社会
福祉法人が、社会のニーズに応えるため、今後保育所の運営を始める事
業展開が考えられます。これは特別養護老人ホームで働く職員の子ども
の預け先としても有用な対策でもあります。その際に、土地、設備及び
保育所運営のノウハウを持ち合わせていない場合の選択肢として、他法
人から事業を譲り受けることが考えられます。

他法人と経営圏が重なっている場合は、事業譲渡によりその経営圏内
にある保育所を取得することができます。特定地域内で特別養護老人
ホームを専門に経営している法人であれば、その地域での一定のブラン
ド力は有し、事業譲渡により保育所に子どもを預ける保護者の親を特養
に預ける際に有力な選択肢となり得るでしょう。

（イ）安定した経営状態の確保

様々な事業展開を行っている社会福祉法人の方が専門分野（老人福祉、
児童福祉及び障害福祉）のみ事業を行っている社会福祉法人よりも安定
した経営状態である傾向があります。これは、共同購入による調達コス
トの削減や機動的な施設間の資金融通などを行うことができること等が
あります。このため安定した経営状態を確保するため、他事業に進出す
ることが選択肢として考えられますが、その際には自法人内で既存事業
と進出する事業との間でどれだけ親和性があるかが重要となります。例

えば、特別養護老人ホームのみを運営している社会福祉法人が障害福祉事業に進出する場合です。障害福祉に関しては、1990年代半ばまでは障害者入所施設が大半でしたが、以降は生活介護、就労継続支援、就労移行支援等が増加しました。その中で、居宅介護や重度訪問介護、共同生活援助といった老人福祉関連と共通点ある社会福祉法人を取り込むことが考えられます。これは、児童福祉のみを行っていた社会福祉法人が、放課後デイサービスや障害児入所支援などの、児童分野の強みを生かして老人福祉施設も運営することが考えられます。これらのケースには、実際にサービス提供を行う職員の存在が重要になりますので、人材の確保のために合併を行うという選択肢が考えられます。

（ウ）サービスの質の向上、組織活性化

相手方の法人の人材、ノウハウ、設備等資源を活用することにより、既存の資源の補完や高度な活用が促され、サービスの質の向上が考えられます。また、互いの法人が有機的に結合し、職員間の意識が刺激されるなど新たな法人風土の醸成が考えられます。

（エ）人材育成

新たな領域の知識・技能・経験を持った職員の確保によって人事交流が促進され、各職員のスキル拡大・向上が考えられます。また、規模拡大によって教育への投資が促され、充実した教育機会の提供が考えられます。

加えて、契約によって譲渡の対象とする資産及び負債等を比較的高い自由度をもって選別できることから、法的に簿外債務を承継するリスクがないことが挙げられます。また、従業員の雇用条件を当事者の事情に応じて設定可能である点も挙げられます。

一方、デメリットとしては、事業譲渡は個々の資産の譲受けと債務の引受けとなるため、一つひとつの資産の譲受手続と法的な対抗要件を備える必要があり、負債については事業を譲渡する側が負っていた債務を

免責し譲受側の債務に1本化するために、個々の債権者から債務引受けについての同意を得ることが必要となり事務負担がかかります。

　事業譲渡を選択する目的は、法人の一部の事業を取り込みたい場合は事業譲渡を選択することになります。一方で、法人のすべてを取り込みたい場合は後述の合併を選択することになります。

　例えば、ある社会福祉法人が、新規事業への進出や類似事業の進出を図りたいと考えているとします。加えて、他法人と合併することまでは必要としておらず、自身の経営圏に位置する他法人施設のみを獲得したいと考えている場合、相手方の法人と交渉を行い、この施設に関する事業について譲り受けることが考えられます。

③　合併

　合併のメリットは、②で述べた「新たな社会的ニーズへの対応」「安定経営状態の確保」、「サービスの質の向上、組織活性化」及び「人材育成」といった事業譲渡と同じメリットがあります。加えて、合併の特徴を踏まえて以下のメリットもあります。

（ア）契約の事務負担が比較的軽い

　加えて、一般的に消滅法人のすべての権利義務を包括的に存続法人又は新設法人が承継するため、事務負担が比較的かからないことがあります。

（イ）対価の支払が比較的軽い

　社会福祉法人法で合併が社会福祉法人間に限定されていることから、合併により対価の支払が想定されないため、事業譲渡より支出を節約することができます。

（ウ）サービス提供体制の維持

　社会福祉事業には提供するサービスの継続性が要請されるため、どう

いう手法であればそれらが保たれるかの検討をする必要があります。例えば、過疎地な人口の減少が急激に進んでいる地域では、稼働率の低くなった施設の統廃合を図り社会福祉事業の効果的かつ効率的な運用を行う必要があり、その際は近隣の施設を運営する社会福祉法人と合併することを検討することがあります。これは、施設稼働の要因だけでなく、労働力の高齢化も要因となります。小規模で運営している社会福祉法人については理事や職員が高齢化し、後を継ぐ経営の担い手が不在となる恐れがある場合は、その地域のサービス提供の維持を図るため他の社会福祉法人と合併することが検討事項となります。

　一方、デメリットとしては、制度面において賃金体系を短期的に統合する必要があります。また、消滅法人のすべての権利義務を包括的に存続法人又は新設法人が承継することから、過去の簿外負債を含む一切を承継することとなります。

　このようにストラクチャーを選択する際は、これらそれぞれのメリット、デメリットを理解し、相手法人との信頼関係、運営する事業の親和性、相手法人のブランドイメージ、次節から解説するそれぞれ社会福祉法人特有の留意事項等を踏まえて、最も目的に沿うものを選択する必要があると考えられます。

2. 法人間連携

(1) 意義

　法人間連携とは、それぞれの法人の強みを活かし、地域の課題などに連携して対応することや、人材確保や災害対応、食材等購入などにおいて**複数の法人間で協力関係を構築**することです。連携の範囲や内容など明確な定義はなく、法人間で互いに協力関係を築くこと全般が含まれるものと考えられます。

　他の組織再編等（合併・事業譲渡等）は、経営者に思い切った決断が求められ、実行に移す際には大きな負担を伴いますが、法人間連携であれば、負担は比較的軽く、実行に移しやすいといえます。複数の法人が協力体制を築くことで事業の効率化など大きな効果が期待できます。

　法人経営の効率化・安定化を図るためには、法人間の連携やネットワーク化を進め、お互いの「経営資源」を融通し合い、共同購買などにより「規模のメリット」を出すことが有効な方策であると考えられ、法人間連携はその一つの手法と捉えて取り組んでいくことが必要です。

　法人間連携により、**①運営の効率化及びサービスの質の向上、②人材育成に向けた取組み、③経営機能の強化**などが期待され、具体例としては以下があります。

① 運営の効率化及びサービスの質の向上

（ア）食材などの共同購入による調達コストの削減

　　各施設で使用する消耗品、事務用品、食材などを取りまとめ、一括で購入することで、コスト削減の効果が期待されます。

【図表 4-1　食材等の共同購入のイメージ図】

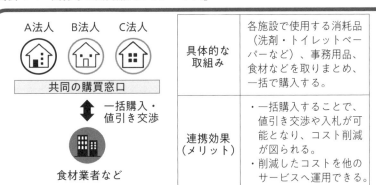

（イ）共同でのイベント実施による内容の充実化

　　施設で開催される各種イベントを共同で開催することで、イベントの内容がより充実したものになることが期待されます。

【図表 4-2　共同でイベント実施のイメージ図】

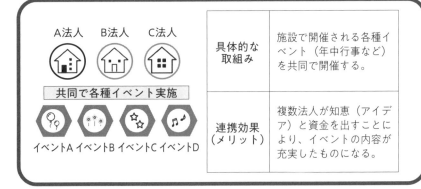

②　人材育成に向けた取組み

（ア）人材交流によるスキルの向上・共有化

　　人材交流によりスキルを共有化することで、職員のスキルの向上が期待されます。

【図表 4-3　人材交流のイメージ図】

人材交流によりスキルを共有化 人材 A法人　　　C法人 人材　　B法人　　人材	**具体的な取組み**	・技術職で優秀な人材を、他の法人、施設の管理職に登用することにより、職員の意欲向上を図るとともに、施設サービスのレベルアップを図る。 ・現場で指導的立場にある職員を、法人間で人材交流を行うことにより、OJTを通じた他の職員のスキルアップ、職員及び施設全体のレベルアップ及びサービスの質の均一化を図る。
	連携効果（メリット）	・社会福祉法人と医療法人が人事交流を行うことで、福祉と医療のより密接な連携が可能となる。 ・職員のレベルアップを図るとともに、幹部候補を効果的に育成することができる。

（イ）共同教育研修によるスキルの共有化やより高度な研修の実施

　　共同で研修を開催することで、スキルの共有化やより高度な研修の実施が期待されます。

【図表 4-4　共同で教育研修のイメージ図】

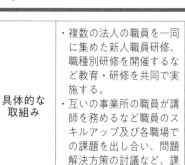

具体的な取組み	・複数の法人の職員を一同に集めた新人職員研修、職種別研修を開催するなど教育・研修を共同で実施する。 ・互いの事業所の職員が講師を務めるなど職員のスキルアップ及び各職場での課題を出し合い、問題解決方策の討議など、課題解決や業務の効率化に努める。
連携効果（メリット）	・教育・研修に係るコストの削減ができる。 ・職員間で交流の機会を持つことにより、課題解決の糸口や業務の効率化など効果的な意見交換ができるようになり、リスクの軽減効果がある。

③ 経営機能の強化

（ア）外部専門家の高度活用

　外部専門家と共同で委託契約を締結することで、費用削減の効果が期待されます。

【図表 4-5　外部専門家の高度活用のイメージ図】

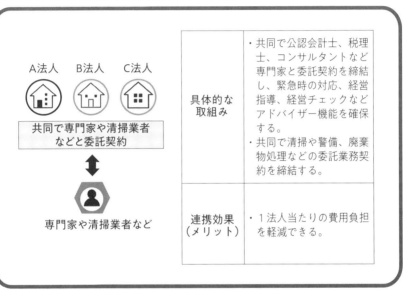

（2）特徴

　法人間連携は、合併や事業譲渡等の手続と比較し容易に取り組むことができ、意思決定から短期間で柔軟に実行に移しやすいといえます。一方で、連携の範囲や内容が抽象的になると、期待した効果が得られないといったケースもあり課題とされています。

【図表 4-6　組織再編等の特徴】

	法人間連携	合　併	事業譲渡等
組織再編等により一般的に期待される効果	●法人のニーズに合わせて、柔軟で緩やかな繋がりを持つことができ、一法人では対応が難しい課題に対応することができる	●法人が一体となることによる経営基盤の強化、事業効率化 ●サービスの質の向上、組織活性化 ●人材育成	
手続の煩雑さ・負担感	○　簡便	△　やや煩雑 （法務・会計・税務や、ヒト・モノ・カネの観点から、手続を進めるうえで考慮すべき事項が多い）	

※合併、事業譲渡等の詳細は後述の第Ⅳ章 3 及び 4 を参照してください。

連携している法人間では互いのノウハウや情報が共有されており、合併や事業譲渡等の必要が生じた際に、全く連携していない法人と合併・事業譲渡を行う場合よりも、円滑に作業が進められることが期待できることから、**法人間連携は組織再編等の入口**ともいえます。

（3）留意すべき事項

期待した効果が得るための留意点として、前述のとおり、連携の範囲や内容を抽象的なものとしないことが挙げられますが、最も重要なのは、中長期的な視点に立った協調関係の構築することでしょう。つまり連携する法人同士が公平な立場にあり、互いに Win-Win となる関係を構築し、維持することができるか否かが重要なポイントとなると考えられます。

（4）法務

　社会福祉法人は、他の社会福祉法人と合併をする場合、合併契約を締結しなければなりません（社会福祉法48）。事業譲渡等においても、事業譲渡等の重大性を鑑み、また、後日の紛争を防ぐためにも事業譲渡契約を締結する必要があります。

　一方で、法人間連携は法人間の協力関係の構築が主な目的であり、契約の締結は必須ではないと考えられますが、**連携の範囲や内容などの明確化、協力関係の実効性を担保するため、法人間連携に係る契約を締結**することが望ましいと考えられます。ただし、契約締結により法人間連携の柔軟性を過度に阻害しないよう留意が必要です。

　法人間連携の契約書に盛り込むべき項目としては一般的に以下が考えられます。

【図表 4-7　法人間連携の契約書に盛り込むべき一般的な項目】

項　目	記載する内容
契約の目的	法人間連携の目的
連携の期間	法人間連携の期間（自動更新条項含む）
連携の範囲及び内容	連携の範囲及び内容を具体的に記載する。法人の事業のうち、一部の事業のみが対象の場合はその旨も明記する
事務手続など	事務手続などで相互の合意が必要な事項
契約の終了	契約を解除できる事由、やむを得ない事情により解除を申し入れる際の手続など
責任範囲	法人間連携の活動により何らかの損害が生じた際のお互いの責任範囲

（5）会計

　法人間連携は法人間の協力関係の構築全般を指すものです。そのため、社会福祉法人会計基準において、**法人間連携を行ったことによる特有の会計処理は規定されていません**。ただし、法人間連携により法人間で個別・具体的な取引が生じた場合は、社会福祉法人会計基準の会計原則（会計基準1条、2条）に従って、その実態に基づき会計処理を行う必要があります。例えば、共同購買に係る事務手数料の授受、人員の出向に係る費用負担、共同イベント・研修費用や外部専門家に支払う報酬に係る立替金の法人間の精算などがあります。

（6）税務

①　収益事業課税

　社会福祉法人は法人税法別表第二に掲げられている公益法人等に該当するため、法人税法上の収益事業から生じた所得についてのみ法人税が課税されます（法人税法4①、7）。ここでいう収益事業とは、社会福祉法第26条に規定する収益事業ではなく、法人税法上の収益事業（法人税法2十三）であり、その範囲は異なることに留意が必要です。

②　法人間連携における留意点

　法人間連携とは複数の法人が協力して地域の課題などに対応することを意味していると考えられます。連携の範囲や内容などに明確な定義はなく、法人同士が対等の立場で一緒に事業を行うような契約もあれば、サービス内容によって連携先を紹介し合うような協力関係も想定されます。法人間連携により事業を行う場合には、自らが直接主体となって実施する事業のほかに、例えば連携先法人に委託して行う事業、連携先法人から委託を受けて行う事業、連携先法人の紹介・連携先法人への取次ぎなど、連携する

ことにより生ずる事業についても法人税法上の収益事業に該当するか否か
を検討する必要があります（法人税基本通達 15-1-2、15-1-27、15-1-44）。

　また、法人間連携には実施する事業の連携だけではなく、その実施に係
る間接コストを複数の法人で共同して外部委託することなども考えられま
す。

　法人間連携により生じる損益を収益事業として申告する場合に重要なこ
とは、複数の法人が連携することにより生じる収益や費用を、契約や合理
的な基準、配賦割合などにより過不足なく各法人に帰属させることです。
連携する過程で、本来であれば自らの収益に計上されるべきものが計上さ
れていないとか、他の法人が負担すべきものを自らが負担した場合などに
は、他の法人に対する寄附金として取り扱われ、損金算入限度額を超える
部分については損金として認められないこととなり、課税所得が増加して
しまう場合があります（法人税法 37 ①⑦）。

3．事業譲渡

（1）意義

　事業譲渡とは、法人全体ではなく、法人を構成する一部の事業を切り出して法人間で譲渡・譲受けを行うことをいいます。土地・建物など単なる物質的な財産だけではなく、職員をはじめ事業に必要な有形・無形の財産すべての譲渡・譲受けを指します。

　譲受法人の側から考えると、事業基盤を強化したいと考える経営者にとっては、自ら許認可手続を行い、施設の整備を行い、職員を雇用し、一から事業を立ち上げる場合に比べて、円滑に基盤強化を図ることが期待できます。

　一方の譲渡法人にとっては、例えば、経営者の後継ぎがいない、中核ではない事業を譲渡して選択と集中を図りたい、施設が被災してしまい自力では再建を図ることができないなどの場合においても、新たな事業者の下で、職員の雇用、施設の利用、施設利用者の継続利用が期待できるため、処分について悩む必要もなくなります。

　また、経営者自らの処遇についても退職金を得てのリタイアや新たな事業者のもとで、当面の間引き続き施設長や相談役などとして雇用してもらうなど、様々な選択肢が開けます。

（2）特徴

　事業譲渡は、合併と異なり、譲渡法人の権利義務の一切が包括的に譲受

法人に引き継がれるものではなく、契約に基づいて権利義務が移転します。このため、引き継ぐ資産や負債の内容を契約によって自由に決めることができますが、個々に契約を締結する必要があるため、その分、手間がかかることになります。

例えば、財産処分を伴うため、所轄庁の承認や独立行政法人福祉医療機構等からの借入がある場合、担保に関連し、条件変更の承認が必要となり、また、定款の変更も必要であるなど、実施すべき手続が多くなります。そのため、全体のスケジュールを網羅的に把握し、所轄庁等への事前相談や協議を密にして進めていくことが肝要です。

各種申請の例

項　目	実施内容
(1) 基本財産処分の申請 （譲渡法人）	所轄庁に対し、譲渡事業の基本財産の処分を申請。
(2) 補助金に係る財産処分の申請 （譲渡法人）	譲渡事業に対して国及び都道府県から補助金交付を受けている場合、財産処分を申請。
(3) 施設の廃止・設置の申請 （譲渡法人、譲受法人）	譲渡法人は、譲渡事業について施設の廃止申請し、譲受法人は、譲り受けた事業について施設の設置を申請。
(4) 付随機能の申請 （譲渡法人、譲受法人）	譲渡事業に付随する機能（付属診療所、付属保育園など）について、必要に応じ、該当窓口へ申請。

出所：厚生労働省「合併・事業譲渡等マニュアル」（152頁）をもとに作成

定款の変更の実施事項

項　目	実施内容
(1) 定款変更の決議 （譲渡法人、譲受法人）	譲渡法人では、譲渡事業につき、「事業の廃止及び基本財産の処分」を評議員会で決議。
	譲受法人では、譲受事業につき、「事業及び基本財産の追加」を評議員会で決議。
(2) 定款変更申請 （譲渡法人、譲受法人）	所轄庁へ定款変更を申請。

出所：厚生労働省「合併・事業譲渡等マニュアル」（158頁）をもとに作成

（3）留意すべき事項

　事業譲渡の実施に際し、社会福祉法等との関係で、下記の点に留意して、進める必要があります。

留意すべきポイント
①　事業継続の可否
②　特別の利益供与、協業及び利益相反取引との関係
③　法人外流出との関係
④　租税特別措置法第40条の取扱い
⑤　国庫補助金の取扱い

①　事業継続の可否

　社会福祉事業には所轄庁による認可が必要な事業が多いため、譲渡事業が譲受法人で継続可能かどうか、所轄庁及び事業所管庁に早めに確認し、必要な協議を終えておく必要があります。特に、第一種社会福祉事業については、原則として行政及び社会福祉法人しか経営主体となれませんので注意が必要です。

②　特別の利益供与、協業及び利益相反取引との関係

　社会福祉法第27条における、評議員、理事、監事、職員その他の政令で定める社会福祉法人の関係者に該当する者が、譲渡・譲受の両法人に共通する場合には、特別の利益供与の禁止規定（社会福祉法第27条）や競業及び利益相反取引の制限規定（社会福祉法第45条の16第4項によって準用される一般社団法人及び一般財団法人に関する法律第84条）に抵触していないかの検討が必要です。

③　法人外流出との関係

　社会福祉法人においては法人外への資金流出が禁止されているため、対

象事業の適正な価値を見積もり、譲渡法人は不当に安価で譲渡しないこと、譲受法人は不当に高値で譲受けしないことが必要です。

④　租税特別措置法第40条の取扱い

事業譲渡する資産が租税特別措置法第40条の規定の適用を受けた寄附財産である場合、有償又は無償に関わらず、原則として非課税承認が取り消され、譲渡した法人において納税が必要となるので、所轄の税務署において事前相談を行うことが必要です。

⑤　国庫補助金の取扱い

国庫補助金を受けて取得した財産を譲渡する場合、一般的には、有償譲渡では国庫への納付が生じ、また無償譲渡の場合には法人外流出に該当する可能性があるため、補助金関係の事業所管庁と協議しておくことをお勧めします。

（4）法務（制度上のルール）

事業譲渡の条件や内容が明確になり、行政との調整に目処がついた段階で、事業譲渡契約書を作成します。事業譲渡契約書は、法律上必ず作成しなければならないものではありませんが、後日の紛争を防ぐためにも作成することが望ましいとされます。

以下に、「合併・事業譲渡等マニュアル」（厚生労働省）を参考に、事業譲渡等で必要と考えられる契約を中心にまとめます。

①　基本財産の譲渡（譲渡法人、譲受法人）

事業譲渡の対象となる財産について、基本財産の所有権移転を目的とした契約を締結します。

事業譲渡は、契約に基づき、合意された範囲内で権利義務が移転します。合意された特定の事業を継続していくため、土地、建物などの有形資産だ

けでなく、事業に必要な有形・無形資産を他の法人に譲渡（譲受け）することになり、利用者との契約や雇用契約の承継を含みます。

②　その他財産の譲渡（譲渡法人、譲受法人）

基本財産以外の財産の譲渡について、各資産の現状及び現品の有無を確認し、移転の要否を定め、契約を締結します。

その他財産の資産の処分等に特別の制限はありませんが、社会福祉事業の存続要件となるものはみだりに処分しないこととされているため、この点、注意が必要です。

③　負債の譲渡（譲渡法人、譲受法人）

譲渡事業に負債がある場合は、債権者に対して債務引受の手続を行います。債務引受とは、譲渡法人から譲受法人に債務を移転することを意味し、債権者からの承認を得る必要があります。

④　不動産の登記移転（譲受法人）

不動産について、登記の変更が必要なものは、法務局へ登記の変更手続を行います。土地、建物の不動産の所有者の登記名義人は、元の所有者である譲渡法人となっているはずですので、譲渡契約により所有権が移転した段階で、法務局へ所有権移転の登記申請を行う必要があります。

債務とともに不動産（抵当権が設定されている場合等）を譲り受けた場合は、債務引受手続と併せて当該抵当権の債務者変更の登記申請も必要となります。

⑤　抵当権の解除（譲渡法人、譲受法人）

譲渡資産の中に、譲り受ける事業とは別の借入金に対する抵当権が設定されている場合は、まずは両法人で協議することになりますが、通常は譲渡法人において当該抵当権を解除し、法務局へ抵当権の抹消登記の申請を行う必要があります。

⑥ 職員の引継ぎ（譲渡法人、譲受法人）

　合併の場合と異なり、譲渡法人の職員が譲受法人に当然に引き継がれるわけではありません。そのため、譲受法人への転籍について、職員から承諾を得る必要があります。また、事業譲渡等に伴う転籍においては、既存の労働条件を維持したまま移籍するのが原則となります。

　もしも、労働条件を変更する場合には、転籍承諾とは別に、労働条件変更の同意が必要となります。雇用条件については譲渡法人と譲受法人で、基本合意を行うようにします。

　労働条件が変更される場合には、就業規則と労働契約等との関係に注意し、所轄労働基準監督署への届出と、職員への周知を行う必要があります。なお、就業規則を労働基準監督署へ届出する際には、労働組合がある場合、労使合意の手続が必要です。労働組合がない場合、事業ごとに過半数代表者を選出して、就業規則に関する意見を聴取しなくてはなりません。

⑦ 雇用契約の締結（譲受法人）

　転籍に承諾した職員と雇用契約を個別に締結します。転籍承諾書があれば、雇用契約書を別途締結する必要はありませんが、指導監査等において雇用契約書が必要とされることがあるため、個別に雇用契約書を締結しておくことが望まれます。

⑧ 利用者との再契約の締結（譲受法人）

　事業譲渡の場合は、法人間で定めた範囲の財産が個別に移転するにすぎず、それに伴う利用者との契約が当然に引き継がれるわけではありません。そのため、譲り受ける施設の利用者や利用者家族から承諾を得るとともに、契約締結手続が必要な場合には、改めて譲受法人と個別に契約を締結する必要があります。

（5）会計

　組織再編（合併、事業譲渡）が行われると複数の組織が1つとなる場合があり、社会福祉法人会計基準等検討会ではこのような場合を「結合」と表現しています。そして、社会福祉法人において、「結合」の経済的実態として、次のように定義されます。

結合の経済的実態	定　　義
統合	結合の当事者のいずれもが、他の法人を構成する事業の支配※を獲得したと認められないこと。
取得	ある法人が、他の法人を構成する事業の支配※を獲得すること。

※「支配」とは、福祉サービスの提供を継続するために、事業の財務及び経営方針を左右する能力を有していることをいう。
出所：「社会福祉法人における組織再編に関する基本的な会計処理について」（厚生労働省社会福祉法人会計基準等検討会（第1回）（2020.12.8）参考資料2）（6頁）をもとに作成

　さらに、社会福祉法人では「取得」と「統合」の判定基準として、次のように整理されています。

結合の手法	判定基準	理　　由
合併	「統合」と判断する	持分がないため対価が支払われることはなく、結合当事者の一方が他方の事業の支配を獲得することが想定されないため。
事業譲渡（事業譲受け）	原則として「取得」と判断する	事業の価値に見合った対価の受け払いがある場合、譲受法人が対価の支払によって事業に対する支配を獲得したと認められるため。

出所：「社会福祉法人における組織再編に関する基本的な会計処理について」（厚生労働省社会福祉法人会計基準等検討会（第1回）（2020.12.8）参考資料2）（7頁）をもとに作成

　したがって、会計上、事業譲渡の経済的実態は原則として「取得」となります。そして、「取得」の場合には、会計処理としてパーチェス法が適用されます。パーチェス法とは事業譲渡側から譲り受ける資産負債を時価

で評価する会計処理をいいます。そのため、譲受法人は譲受資産及び負債について、簿価ではなく、結合時の公正な評価額（時価）で評価することになります。

以下では例示とともに、譲渡法人、譲受法人それぞれの会計処理をみていくこととします。

（前提）

X法人（譲渡法人）とY法人（譲受法人）の事業譲渡前の貸借対照表の状態は下記のとおりとします。

【図表 4-8　事業譲渡前の貸借対照表】

【譲受前】				
X法人（譲渡法人）		Y法人（譲受法人）		
資産簿価　100	負債簿価　　50	資産簿価　500	負債簿価　　200	
（資産時価　150）	（負債時価　50）	（資産時価　600）	（負債時価　200）	
	純額簿価　　50		純資産簿価　300	
	（純額時価　100）		（純資産時価　400）	
※譲渡対象事業のみ				

出所：「「のれん」の償却に関する会計基準について」（厚生労働省 社会福祉法人会計基準検討会（第5回）（2020.1.28）参考資料2）（14頁）をもとに作成

X法人（譲渡法人）は一部事業をY法人（譲受法人）に譲渡し、対価としてY法人から現金を受け取る。

〈ケース1〉Y法人が100を支払う＝X法人の時価ベースの純額100
〈ケース2〉Y法人が150を支払う＞X法人の時価ベースの純額100
〈ケース3〉Y法人が 30を支払う＜X法人の時価ベースの純額100

①　譲渡法人（X）の会計処理

資産・負債の譲渡に準じた会計処理を行います。つまり、譲渡事業の資産と、負債の純額と受取価額の差額を、損益として処理することとなります。

〈ケース1〉

借方		貸方	
諸負債	50	諸資産	100
現金預金	100	損益	50

⇒純額簿価50－受取価額100＝損益50

　譲渡した事業の資産簿価100と負債簿価50の差額である。純額簿価50に対し、対価として受け取る現金預金が100であり、受取価額が純額簿価を上回っていることになるため、会計上の貸方差額が50生じます。そして、この貸方差額50を損益として処理します。

〈ケース2〉

借方		貸方	
諸負債	50	諸資産	100
現金預金	150	損益	100

⇒純額簿価50－受取価額150＝損益100

　譲渡した事業の資産簿価100と負債簿価50の差額である。純額簿価50に対し、対価として受け取る現金預金が150であり、受取価額が純額簿価を上回っていることになるため、会計上の貸方差額が100生じます。そして、この貸方差額100を損益として処理します。

〈ケース3〉

借方		貸方	
諸負債	50	諸資産	100
現金預金	30		
損益	20		

⇒純額簿価50－受取価額30＝損益20

　譲渡した事業の資産簿価100と負債簿価50の差額である。純額簿価50に対し、対価として受け取る現金預金が30であり、受取価額が純額資産を下回っていることになるため、会計上の借方差額が20生じます。そして、この借方差額20を損益として処理します。

　ケース1、ケース2では譲渡した事業の純額簿価50に対し、受取価額が100、150といずれも上回っているため、会計上の貸方差額が生じています。

　一方、ケース3では譲渡した事業の純額簿価50に対し、受取価額が30と下回っているため、会計上の借方差額が生じます。

　そして、いずれのケースにおいても借方、貸方の差にあるものの、損益として処理します（仮に純額簿価50＝受取価額50の場合には、損益は生じません）。

② 譲受法人の会計処理

　譲受資産・負債の結合時の公正な評価額に基づき、資産・負債の受入処理を行います。つまり、譲渡法人の場合と違い、時価を使用します。

〈ケース1〉Y法人が100を支払う＝X法人の時価ベースの純額100

【図表4-9　事業譲渡前後の貸借対照表〈ケース1〉】

【譲受前】

X法人（譲渡法人）		Y法人（譲受法人）	
資産簿価　100 （資産時価　150）	負債簿価　50 （負債時価　50） 純額簿価　50 （純額時価100）	資産簿価　500 （資産時価　600）	負債簿価　200 （負債時価　200） 純資産簿価 300 （純資産時価 400）

現金預金100支払

【譲受後】

譲受直後のY法人	
資産簿価　550 （＝Y法人資産簿価500 ＋X法人資産時価150 －支払対価100）	負債簿価　250 （＝Y法人負債簿価200＋X法人負債時価50） 純資産簿価　300 （Y法人純資産簿価　300）

借方		貸方	
諸資産	150	諸負債	50
		現金預金	100

⇒資産時価150－負債時価50－支払対価100＝0

　支払対価100が対象事業の公正な評価額（純額）100と同額となっており、貸借に差額は生じません。

〈ケース2〉Y法人が150を支払う＞X法人の時価ベースの純額100

【図表 4-10　事業譲渡前後の貸借対照表〈ケース2〉】

【譲受前】

X法人（譲渡法人）		Y法人（譲受法人）	
資産簿価　100 （資産時価　150）	負債簿価　50 （負債時価　50）	資産簿価　500 （資産時価　600）	負債簿価　200 （負債時価　200）
	純額簿価　50 （純額時価100）		純資産簿価300 （純資産時価400）

現金預金150支払

【譲受後】

譲受直後のY法人	
資産簿価　500 （=Y法人簿価500 ＋X法人時価150 －支払対価150）	負債簿価　250 （=Y法人簿価200＋X法人時価50）
貸借差額　50 （=支払対価150－X法人純資産時価100）	純資産簿価　300 （Y法人純資産簿価　300）

借方		貸方	
諸資産	150	諸負債	50
貸借差額	50	現金預金	150

⇒資産時価150－負債時価50－支払対価150＝貸借差額50

　支払対価150が対象事業の公正な評価額（純額）100を上回っており、
会計上の借方差額50が生じることになります。

第Ⅳ章　組織再編の手法

〈ケース 3〉Y 法人が 30 を支払う< X 法人の時価ベースの純額 100

【図表 4-11　事業譲渡前後の貸借対照表〈ケース 3〉】

【譲受前】

X法人（譲渡法人）		Y法人（譲受法人）	
資産簿価　100 （資産時価　150）	負債簿価　50 （負債時価　50） 純額簿価　50 （純額時価 100）	資産簿価　500 （資産時価　600）	負債簿価　200 （負債時価　200） 純資産簿価 300 （純資産時価 400）

現金預金30支払

【譲受後】

譲受直後のY法人	
資産簿価　620 (=Y法人資産簿価 500 ＋X法人資産時価 150 －支払対価30)	負債簿価　250 (=Y法人負債簿価 200＋X法人負債時価 50) 貸借差額（→純資産）70 (=X法人純額時価 100－支払対価 30) 純資産簿価　300 （Y法人純資産簿価　300）

借方		貸方	
諸資産	150	諸負債	50
		現金預金	30
		貸借差額	70

⇒資産時価150－負債時価50－支払対価30＝貸借差額70

　支払対価 30 が対象事業の公正な評価額（純額）100 を下回っており、会計上の貸方差額 70 が生じることになります。

（6）税務

① 譲渡側

（ア）法人税

　社会福祉法人は法人税法別表第二に掲げられている公益法人等に該当するため、法人税法上の収益事業から生じた所得についてのみ法人税が課税されます（法人税法4①、7）。ここでいう収益事業とは、社会福祉法26条に規定する収益事業ではなく、法人税法上の収益事業（法人税法2十三）であり、その範囲は異なることに留意が必要です。

　収益事業の範囲には、その性質上収益事業に付随して行われる行為（付随行為）も含まれるものとされていますので、譲渡する事業が収益事業に該当する場合には、その事業譲渡により生じた損益は付随行為として法人税の課税対象となるのが原則です（法人税基本通達15-1-6）。

　ただし、事業譲渡に伴い譲渡した土地（借地権を含む）、建物又は構築物が相当期間（おおむね10年以上）にわたって保有されていたものである場合には、その損益はキャピタル・ゲインである可能性が高いため、収益事業に係る損益に含めないことが可能です（法人税基本通達15-2-10 (1)）。

　事業譲渡により申告する収益事業がなくなった場合には、収益事業を廃止した後速やかに所轄税務署に対して「収益事業廃止届出書」を提出する必要があります。

（イ）消費税

　消費税は、事業者が国内において対価を得て行う資産の譲渡及び貸付け並びに役務の提供（以下、「資産の譲渡等」という）に対して課税されますので、法人税と異なり収益事業に該当するか否かにかかわらず社会福祉法人の行うすべての取引が消費税の対象となります。合併は法令に基づく包括承継であり、資産の譲渡等からは除かれていますが、事業譲渡は資産の譲渡等に該当します（消費税法2①八、4①・消費税法施行令

第Ⅳ章　組織再編の手法

2①四）。ただし、取引全体で課否判定をするわけではなく、その事業譲渡により移転する個々の有形無形の資産及び負債の譲渡として捉え、それぞれについて課税の対象となるか否かを判定します。事業譲渡はその全体で対価が決定されることがありますが、個々の資産の価額を把握して消費税の金額も考慮したうえで譲渡対価の額を決定することが望まれます。

事業譲渡があった場合には、免税事業者で消費税の納税義務がない場合を除き、その事業譲渡があった課税期間の課税売上高や課税売上割合が変化し、納税額の計算にも大きな影響を及ぼすことあります。また、事業譲渡により事業の規模が縮小し、免税事業者や簡易課税適用事業者の判定基準である課税売上高を下回る可能性もありますので、その後の消費税の納税義務等について適宜検討の必要があります。

（ウ）譲渡資産が租税特別措置法第40条の適用を受けている場合

個人が金銭以外の財産を法人に寄附した場合には、その時の時価で譲渡したものとみなされ、所得税が課税されることが原則ですが、社会福祉法人などの一定の公益法人等に対する財産の寄附については、国税庁長官の承認を受けることによりその課税が非課税とされる特例があります（所得税法59①・租税特別措置法40①）。

事業譲渡に伴い譲渡する資産の中に本特例の適用を受けた財産がある場合には、譲渡により非課税の要件に抵触し、国税庁長官の承認が取り消されることになりますので、寄附を受けた社会福祉法人を個人とみなして所得税が課税されることとなります（租税特別措置法40③）。

② 譲受側

（ア）法人税

事業譲渡を受けた場合には、その譲渡時の時価により資産及び負債を取得したものとして取り扱うことが原則ですので、支払った対価が個々の資産の時価より高額の場合には、いわゆる「のれん」が生ずるケース

があります。譲り受けた事業が法人税の収益事業に該当する場合には、税務上、その「のれん」は「資産調整勘定」として認識し、60か月で損金算入されることになります（法人税法62の8、法人税法施行令123の10）。

　一方、支払った対価が個々の資産の時価より低額の場合には、その差額は譲渡側から贈与を受けたものとして受贈益が認識される可能性があります。ただし、公益法人等が他者から金銭その他の資産を受領した場合の受贈益は、収益事業の収入又は経費を補填するものである場合を除き課税されないこととされており、この取扱いは、収益事業に属する資産等の受領であったとしても適用があります（法人税基本通達15-2-12）[1]。したがって、事業譲渡に係る受贈益についても課税される可能性は低いものと考えられます。

　社会福祉法人が事業譲渡を受けた場合、その事業が譲受側法人において新たな事業である場合には、法人税法上の収益事業に該当するか否かを検討する必要があります。初めて収益事業を行うこととなった場合には「収益事業開始届出書」にその開始した時における収益事業に係る貸借対照表、定款等を添付して、その収益事業を開始した日以後2か月以内に、所轄税務署に対し提出する必要があります（法人税法150・法人税法施行規則65①）。その他必要に応じて、「青色申告の承認申請書」「申告期限の延長の特例の申請書」等の申請書や各種届出書を提出期限に留意しつつ所轄税務署に提出します。

（イ）消費税

　上記①（イ）で述べたとおり、事業譲渡は資産の譲渡等に該当し、個々の課税対象資産ごとにそれぞれ消費税を認識します。事業譲渡を受けた社会福祉法人が原則課税適用の課税事業者である場合には、その課

1）国税庁質疑応答事例「公益法人等が収益事業に使用している土地の寄附を受けた場合の課税関係」

税期間において仕入税額控除の対象とすることが可能ですが、免税事業者の場合や簡易課税適用事業者の場合には、仕入税額控除の対象とすることはできないため、全額その社会福祉法人の負担となります。事業譲渡により多額の仕入れに係る消費税が生じる場合には、前もって消費税の納税義務等について対策が必要です。

また、事業譲渡を受けたことにより事業の規模が拡大した場合には、その課税期間の仕入税額控除の状況やその後の課税期間の納税義務等について影響を及ぼす可能性がありますので留意が必要です。

（ウ）資産の取得にかかる税金

ⅰ．登録免許税

社会福祉法人が自己のために受ける社会福祉事業その他一定の事業の用に供する土地建物の取得登記には、一定の手続きをすることにより登録免許税が課されないこととされています（登録免許税法4②、別表第三⑩）。事業譲渡により移転を受けた資産がこれらの非課税対象に該当しないものである場合には課税されることになりますので留意が必要です。

ⅱ．不動産取得税

社会福祉法人が、社会福祉事業その他一定の施設又は事業の用に供する不動産で一定のものを取得した場合には不動産取得税が課されないこととされています（地方税法73の4①三～四の七）。事業譲渡により移転を受けた不動産がこれらの非課税対象に該当しないものである場合には課税されることになりますので留意が必要です。

4．合併

（1）意義

　第Ⅱ章で述べたとおり、社会福祉法人は、他の社会福祉法人と合併することができます（社会福祉法48）。そして合併の類型には、合併により消滅する社会福祉法人の権利義務の全部を合併後存続する社会福祉法人に承継させる「吸収合併」（社会福祉法49）と、合併により消滅する社会福祉法人の権利義務の全部を合併により設立する社会福祉法人に承継させる「新設合併」（社会福祉法54⑤）があります。

【図表4-12　合併類型のイメージ図】

新設合併		吸収合併	
A法人 新設合併消滅 社会福祉法人	B法人 新設合併消滅 社会福祉法人	A法人 吸収合併存続 社会福祉法人	B法人 吸収合併消滅 社会福祉法人
新設合併 ⬇		吸収合併 ⬇	
C法人 新設合併設立社会福祉法人		A法人 吸収合併存続社会福祉法人	

（2）特徴

社会福祉法人における合併は、以下のような特徴があります。

- 法律上、社会福祉法人同士のみ可能である
- 社会福祉法人には持分がないため、結合の当事者間において、合併に伴う対価の支払は想定されない
- 包括承継となることから、存続する法人は結合の当事者のすべての会計情報を知り得る

このような特徴から、社会福祉法人の合併の経済的実体は、「統合」と考えられています。「統合」とは、結合（組織再編（合併、事業譲渡等）が行われることにより複数の組織が1つとなる場合のこと）当事者が、いずれの組織も事業の支配（サービス提供を継続するために、事業の財務及び経営方針を左右する能力を有していること）を獲得したと認められないことをいいます。

（3）留意すべき事項

合併の実施に際し、社会福祉法等との関係で、下記の点に留意して、進める必要があります。

留意すべきポイント
① 当事者法人の協議、合意形成
② 消滅法人の退職役員に対する報酬の適性性の確保
③ 租税特別措置法第40条の取扱い

① 当事者法人の協議、合意形成

合併は当事者法人が完全に一体の法人になるものであり、当事者間の合意形成が不十分な場合、トラブルの発生とともに、期待された効果が十分に得られない状態に陥ることがあります。

そのため、期待できる効果や双方の経営・資産等に係る情報など、当事者間の適切な合意形成に向けた十分な協議を行うことが不可欠となります。

② 消滅法人の退職役員に対する報酬の適性性の確保

合併により消滅する法人において退職役員等に退職手当等を支払う場合、社会福祉法第45条の35に基づき、譲渡側法人の退職する役員に退職手当等を支払う場合は予め定めた役員報酬の支給基準による必要があります。

③ 租税特別措置法第40条の取扱い

合併により、租税特別措置法第40条の規定の適用を受けた寄附財産を存続法人又は新設法人に移転する場合であって、引き続き同条の適用を受けようとする場合には、合併の日の前日までに、国税庁長官あてに必要な書類を提出する必要があるため、所轄の税務署事前相談を行うことが望ましいと考えられます。

（4）法務

合併までの基本的な手順は以下のとおりです。

① 吸収合併手続

吸収合併を行うには、吸収合併後存続する社会福祉法人（以下、「吸収合併存続社会福祉法人」という）及び吸収合併後消滅する社会福祉法人（以下、「吸収合併消滅社会福祉法人」という）において、次の手続が必要です。

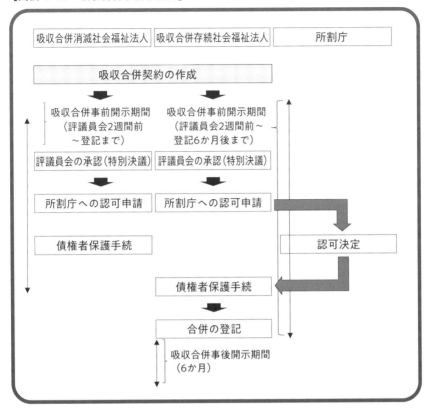

吸収合併消滅社会福祉法人　吸収合併存続社会福祉法人　　　所割庁

吸収合併契約の作成

吸収合併事前開示期間
（評議員会2週間前
〜登記まで）

吸収合併事前開示期間
（評議員会2週間前〜
登記6か月後まで）

評議員会の承認（特別決議）　評議員会の承認（特別決議）

所割庁への認可申請　　　所割庁への認可申請

債権者保護手続

認可決定

債権者保護手続

合併の登記

吸収合併事後開示期間
（6か月）

4.
合併

（ア）吸収合併契約の評議員会の承認及び吸収合併契約に関する書面等の備え置き及び閲覧等

　まず、吸収合併存続社会福祉法人及び吸収合併消滅社会福祉法人の双方において、吸収合併契約書を作成し、吸収合併契約について、評議員会の特別決議において、承認を受ける必要があります（社会福祉法45の9、52、54の2）。

　ここで、吸収合併消滅社会福祉法人は、評議員会の承認の2週間前の日から、吸収合併の登記の日までの間、吸収合併契約の内容その他厚生

99

労働省令で定める事項（社会福祉法施行規則6の2）を記載し、又は記録した書面又は電磁的記録をその主たる事務所に備え置かなければなりません（社会福祉法51）。

　吸収合併存続社会福祉法人は、評議員会の承認の2週間前の日から、吸収合併の登記の日後6か月を経過する日までの間、吸収合併契約の内容、その他厚生労働省令で定める事項（社会福祉法施行規則6の4）を記載し、又は記録した書面又は電磁的記録をその主たる事務所に備え置かなければなりません（社会福祉法54）。

（イ）所割庁への申請及び認可

　吸収合併は、所轄庁の認可を受けなければ、その効力を生じません（社会福祉法50③）。

　吸収合併を行おうとする社会福祉法人は、吸収合併の理由を記載した申請書に社会福祉法施行規則第6条に定められる書類を添付して所轄庁に提出しなければなりません。

　所割庁は、吸収合併の認可の申請があったときは、当該申請にかかる社会福祉法人の資産が社会福祉事業を行うに必要な資産を備えているかどうか、定款の内容及び設立の手続が、法令の規定に違反していないかどうか等を審査したうえで、認可の決定をしなければなりません（社会福祉法25、32、50④）。

（ウ）債権者保護手続

　吸収合併存続社会福祉法人及び吸収合併消滅社会福祉法人は、所轄庁の認可があったときは、①吸収合併をする旨、②吸収合併存続社会福祉法人及び吸収合併消滅社会福祉法人の名称及び住所、③吸収合併存続社会福祉法人及び吸収合併消滅社会福祉法人の計算書類に関する事項として厚生労働省令（社会福祉法施行規則6の3、6の6）で定めるもの、及び④債権者が一定の期間内に異議を述べることができる旨（④の期間は2か月を下ることができません）を官報に公告し、かつ、判明している債

権者には、各別にこれを催告しなければなりません（社会福祉法 54 の 9）。

（エ）登記及び吸収合併に関する書面等の備え置き及び閲覧等

　　吸収合併契約は、吸収合併存続社会福祉法人の主たる事務所の所在地において合併の登記をすることによってその効力が生じます（社会福祉法 50 ①）。吸収合併存続社会福祉法人は、吸収合併の登記の日に、吸収合併消滅社会福祉法人の一切の権利義務（当該吸収合併消滅社会福祉法人がその行う事業に関し行政庁の認可その他の処分に基づいて有する権利義務を含む）を承継します（社会福祉法 50 ②）。

　　なお、吸収合併存続社会福祉法人は、吸収合併の登記の日後遅滞なく、吸収合併により吸収合併存続社会福祉法人が承継した吸収合併消滅社会福祉法人の権利義務その他の吸収合併に関する事項として厚生労働省令で定める事項（社会福祉法施行規則 6 の 7）を記載し、又は記録した書面又は電磁的記録を作成し、吸収合併の登記の日から 6 か月間、主たる事務所に備え置かなければなりません（社会福祉法 54 の 4）。

②　新設合併手続

　　新設合併を行うには、新設合併により消滅する社会福祉法人（以下、「新設合併消滅社会福祉法人」という）及び新設合併により設立する社会福祉法人（以下、「新設合併設立社会福祉法人」という）において、次の手続が必要です。

【図表 4-14　新設合併手続手順図】

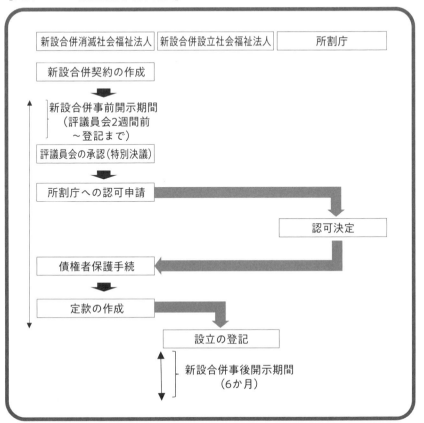

| 新設合併消滅社会福祉法人 | 新設合併設立社会福祉法人 | 所割庁 |

- 新設合併契約の作成
- 新設合併事前開示期間（評議員会2週間前～登記まで）
- 評議員会の承認（特別決議）
- 所割庁への認可申請
- 認可決定
- 債権者保護手続
- 定款の作成
- 設立の登記
- 新設合併事後開示期間（6か月）

（ア）新設合併契約の評議員会の承認及び新設合併契約に関する書面等の備え置き及び閲覧等

　まず、新設合併消滅社会福祉法人において、新設合併契約書を作成し、新設合併契約について、評議員会の特別決議において、承認を受ける必要があります（社会福祉法45の9、54の8）。

　ここで、新設合併消滅社会福祉法人は、評議員会の承認の2週間前の日から、新設合併設立社会福祉法人の成立までの間、新設合併契約の内容、その他厚生労働省令で定める事項（社会福祉法施行規則6の9）を記

第Ⅳ章　組織再編の手法

載し、又は記録した書面又は電磁的記録をその主たる事務所に備え置かなければなりません（社会福祉法 54 の 7）。

（イ）所割庁への申請及び認可

　新設合併は、所轄庁の認可を受けなければ、その効力を生じません（社会福祉法 54 の 6 ②）。

　新設合併を行おうとする社会福祉法人は、新設合併の理由を記載した申請書に社会福祉法施行規則 6 条に定められる書類を添付して所轄庁に提出しなければなりません。

　所割庁は、新設合併の認可の申請があったときは、当該申請にかかる社会福祉法人の資産が社会福祉事業を行うに必要な資産を備えているかどうか、定款の内容及び設立の手続が、法令の規定に違反していないかどうか等を審査したうえで、認可の決定をしなければなりません（社会福祉法 36 の 6 ②③）。

（ウ）債権者保護手続

　新設合併消滅社会福祉法人は、所轄庁の認可があったときは、①新設合併をする旨、②他の新設合併消滅社会福祉法人及び新設合併設立社会福祉法人の名称及び住所、③新設合併消滅社会福祉法人の計算書類に関する事項として厚生労働省令（社会福祉法施行規則 6 の 10）で定めるもの、及び④債権者が一定の期間内に異議を述べることができる旨（④の期間は 2 か月を下ることができません）を官報に公告し、かつ、判明している債権者には、各別にこれを催告しなければなりません（社会福祉法 53、54 の 3）。

（エ）新設合併設立社会福祉法人の成立及び新設合併に関する
　　書面等の据置き及び閲覧等

　新設合併設立社会福祉法人の定款は、新設合併消滅社会福祉法人が作成します（社会福祉法 54 の 10 ②）。

　そして、新設合併社会福祉法人は、その主たる事務所の所在地において設立の登記をすることによって設立します（社会福祉法 34）。なお、新設合併の認可を上記（イ）においてすでに経ているため、所轄庁による定款の認可、設立の認可等の手続は、不要となっています（社会福祉法 54 の 10）。

　新設合併社会福祉法人は、その設立の日に、新設合併消滅社会福祉法人の一切の権利義務（当該新設合併消滅社会福祉法人がその行う事業に関し行政庁の認可その他の処分に基づいて有する権利義務を含む）を承継します（社会福祉法 54 の 6 ②）。

　なお、新設合併社会福祉法人は、その成立の日後遅滞なく、新設合併により承継した新設合併消滅社会福祉法人の権利義務その他の新設合併に関する事項として厚生労働省令で定める事項（社会福祉法施行規則 6 の 11）を記載し、又は記録した書面又は電磁的記録を作成し、新設合併の成立の日から 6 か月間、主たる事務所に備え置かなければなりません（社会福祉法 54 の 11）。

（5）会計

（ア）社会福祉法人の合併の会計処理に関する基本的な考え方

　前節で解説したとおり、組織再編（合併、事業譲渡）は、支配の獲得の有無で、経済的実態が統合、取得に分類されます。そして社会福祉法人の合併の経済的実体は、「統合」と考えられていることから、合併法人は被合併法人の資産及び負債について、結合時の適正な帳簿価額を引き継ぎます。

第Ⅳ章　組織再編の手法

（説例）

　×年3月31日にA法人（吸収合併存続法人）がB法人（吸収合併消滅法人）を吸収合併した。

【合併前】

A法人（吸収合併存続法人）	
資産簿価　600 （資産時価　700）	負債簿価　200 （負債時価　200）
	純資産簿価　400 （純資産時価　500）

B法人（吸収合併消滅法人）	
資産簿価　200 （資産時価　400）	負債簿価　100 （負債時価　100）
	純資産簿価　100 （純資産時価　300）

合併

【合併後】

吸収合併直後のA法人	
資産簿価　800 （＝A法人資産簿価600 　＋B法人資産簿価200）	負債簿価　300 （＝A法人負債簿価200＋B法人負債簿価100）
	純資産簿価　500 （＝A法人純資産簿価400＋B法人純資産簿価100）

（仕訳例）

　A法人（吸収合併存続法人）は、B法人（吸収合併消滅法人）の資産及び負債について、結合時の適正な帳簿価額を引き継ぎます。

借方		貸方	
諸負債	200	諸負債	100
		純資産	100

（イ）社会福祉法人の合併の会計処理に関する個別論点

社会福祉法人における組織再編に関する基本的な会計処理について、社会福祉法人会計基準検討会（第6回）において、以下の論点が想定されています。

No	想定される論点	具体例	会計処理
1	過去の誤謬の修正	合併消滅社会福祉法人の過去の減価償却計算が誤っていることが判明した。	合併引継ぎ前に修正し、適正な帳簿価額としたうえで、合併に係る会計処理を行う。
2	会計方針の統一による勘定科目残高の修正	合併存続社会福祉法人と合併消滅社会福祉法人の会計方針が異なっていた（例. 棚卸資産の評価方法）	合併引継ぎ後に修正する。
3	基本金の引継ぎ	合併消滅社会福祉法人の帳簿価額の内訳がわかる場合	合併消滅社会福祉法人の帳簿価額で引き継ぐ。
4	国庫補助金等特別積立金の引継ぎ	合併存続社会福祉法人又は合併新設社会福祉法人が事業を引き継ぐ場合	合併消滅社会福祉法人の帳簿価額で引き継ぐ。
		合併存続社会福祉法人又は合併新設社会福祉法人が事業を引き継がない場合	一旦、合併消滅社会福祉法人の帳簿価額で引き継ぐが、用途変更により、合併後、国庫補助金が取崩しになると考えられる。

① 法人税

（ア）収益事業課税における合併の取扱い

　社会福祉法人は法人税法別表第二に掲げられている公益法人等に該当するため、法人税法上の収益事業から生じた所得についてのみ法人税が課税されます（法人税法4①、7）。ここでいう収益事業とは、社会福祉法26条に規定する収益事業ではなく、法人税法上の収益事業（法人税法2十三）であり、その範囲は異なることに留意が必要です。

ⅰ. 被合併法人

　被合併法人が収益事業を行っていた場合には、合併による資産及び負債の移転もその収益事業に付随して行われる行為（付随行為）に該当し、収益事業に含まれるものと考えられます。

　合併は、法人税法において定められた要件を満たす「適格合併」（下記（イ）参照）に該当するか否かで税務上の取扱いが異なります。

　その合併が適格合併に該当する場合には、帳簿価額により資産及び負債の引継ぎをしたものとして取り扱われ、被合併法人の最後事業年度の課税所得に合併による譲渡損益は計上されません（法人税法62の2①）。

　一方、その合併が適格合併に該当しない場合には原則的な取扱いとなり、時価により資産及び負債を譲渡したものとして、その譲渡損益は被合併法人の最後事業年度（合併の日[※]の前日の属する事業年度）において課税されます（法人税法62）。移転した土地（借地権を含む）、建物又は構築物が相当期間（おおむね10年以上）にわたって保有されていたものである場合には、その損益はキャピタル・ゲインである可能性が高いため、収益事業に係る損益に含めないことが可能です（法人税基本通達15-2-10(1)）。

　（※）　合併の日とは、合併の効力の生じる日（新設合併の場合は、新設合併設立法人の設立登記の日）をいいます（法人税基本通達1-2-4）。

ⅱ．合併法人

　その合併が適格合併に該当する場合には、合併法人に被合併法人の資産及び負債を税務上の帳簿価額で引き継ぎ、一定の青色欠損金や利益積立金等、原則として被合併法人の最後事業年度の法人税申告の処理を引き継ぎます（法人税法57②、法人税法施行令9①二・123の3①③）。

　一方、その合併が適格合併に該当しない場合には、合併法人は被合併法人の資産及び負債を合併時の時価で受け入れることが原則です。

　移転を受けた事業について法人税の収益事業に該当する場合、引き継いだ資産及び負債について会計上被合併法人の帳簿価額を引き継いでいる場合には、税務上付すべき価額との間に相違が生じるため、税務調整が必要となる可能性があります。

　社会福祉法人が合併により事業を引き継いだ場合において初めて収益事業を行うこととなった場合には、「収益事業開始届出書」にその開始した時における収益事業に係る貸借対照表、定款等を添付して、その収益事業を開始した日以後2か月以内に所轄税務署に対し提出する必要があります（法人税法150・法人税法施行規則65①）。その他必要に応じて、「青色申告の承認申請書」「申告期限の延長の特例の申請書」等の申請書や各種届出書を提出期限に留意しつつ所轄税務署に提出します。

（イ）適格合併の要件

　社会福祉法人は持分のない法人（資本又は出資を有しない法人）であるため、合併は無対価合併になるのが通常です。そして、適格合併は、資本関係のない法人間の要件である「共同事業要件」のうち、①事業関連性要件、②規模要件又は経営参画要件、③従業者引継要件、④事業継続要件の4つを満たすかどうかで判定することになります。新設合併の場合には、被合併法人と他の被合併法人との間で判定します（法人税法2十二の八ハ、法人税法施行令4の3④）。

　共同事業要件1～4の概要は、次のとおりです。

要　　件	概　　要
1.　事業関連性要件	「被合併事業」（被合併法人の合併前に行う主要な事業のうちいずれかの事業をいう）と「合併事業」（合併法人の合併前に行ういずれかの事業をいい、新設合併の場合には他の被合併法人の「被合併事業」をいう）とが相互に関連するものであること。
2.　a.　規模要件	「被合併事業」とそれに関連する「合併事業」のそれぞれの売上金額、「被合併事業」と「合併事業」のそれぞれの従業者の数、又はこれらに準ずるものの規模の割合がおおむね5倍を超えないこと。
2.　b.　経営参画要件	合併前の被合併法人の特定役員（※）のいずれかと合併法人（新設合併の場合には他の被合併法人）の特定役員のいずれかとが合併後も特定役員となることが見込まれていること。 （※）特定役員 　　　常務以上の役員又はこれらに準ずる者で法人の経営に従事している者
3.　従業者引継要件	被合併法人の合併直前の従事者の100分の80以上の者が合併法人（合併法人と完全支配関係がある法人を含む）の業務に従事することが見込まれていること。
4.　事業継続要件	事業関連性のある「被合併事業」が合併法人（合併法人と完全支配関係がある法人を含む）において引き続き行われることが見込まれていること。

　適格要件の検討にあたり、一般財団法人間の例ではその事業の相互関連性の有無や売上金額等による事業規模などの判定については、収益事業のみで判定を行うのではなく、非収益事業まで含めた事業全体により判定を行うと解して差し支えないとされています[2]。この取扱いは、社会福祉法人においても準用可能であると考えられます。

2）国税庁質疑応答事例「一般財団法人間の合併に対する適格判定における『事業関連性要件』の判定」

② 消費税

　合併は法令に基づく包括承継であり、資産の譲渡等からは除かれていますので、消費税の課税対象とはなりません（消費税法2①八、4①・消費税法施行令2①四）。

　納税義務の判定については、合併があった場合の納税義務の免除の特例の適用がありますので留意が必要です。つまり、基準期間（その事業年度の前々事業年度）における課税売上が、1,000万円以下である場合には納税義務が免除されるという規定について、合併があった場合には合併法人の基準期間における課税売上高での判定のみではなく、被合併法人のその合併法人の基準期間に対応する期間の課税売上高での判定も必要となります。吸収合併の場合、新設合併の場合についてそれぞれ判定する事業年度ごとに次のとおり納税義務の免除の特例（免除されない場合）が定められています（消費税法11、消費税法施行令22、消費税法基本通達1-5-6）。

事業年度	吸収合併	新設合併
合併があった日の属する事業年度	①②いずれかが1,000万円を超える場合 ①　合併法人の基準期間における課税売上高 ②　被合併法人の合併法人の基準期間に対応する期間における課税売上高	各被合併法人の合併法人の基準期間に対応する期間における課税売上高のいずれかが1,000万円を超える場合
合併があった日の属する事業年度の翌事業年度及び翌々事業年度	①②の合計額が1,000万円を超える場合 ①　合併法人の基準期間における課税売上高 ②　被合併法人の合併法人の基準期間に対応する期間における課税売上高	①②の合計額が1,000万円を超える場合 ①　合併法人の基準期間における課税売上高 ②　各被合併法人の合併法人の基準期間に対応する期間における課税売上高

簡易課税制度の適用の可否の判定については、上記の納税義務の判定と異なり、合併法人の基準期間における課税売上高のみで判定することとなります（消費税法基本通達13-1-2）。これは吸収合併における合併法人についての取扱いであり、新設合併の場合には特別な取扱いはありません。

③ 移転資産が租税特別措置法第40条の適用を受けている場合

個人が金銭以外の財産を法人に寄附をした場合には、その時の時価で譲渡したものとみなされ所得税が課税されることが原則ですが、社会福祉法人などの一定の公益法人等に対する財産の寄附については、国税庁長官の承認を受けることによりその課税が非課税とされる特例があります（所得税法59①・租税特別措置法40①）。

合併により移転する資産の中に本特例の適用を受けた財産がある場合には、被合併法人である社会福祉法人は合併登記の日（新設合併の場合には設立登記の日）の前日までに一定の事項を記載し、一定の書類を添付した届出書を国税庁長官に提出することにより、合併法人である社会福祉法人を本特例適用の寄附を受けた社会福祉法人とみなして、本特例が継続されます（租税特別措置法40⑥）。被合併法人がこの届出書を提出しなかった場合には、合併法人である社会福祉法人が、その財産が本特例の適用を受けた財産であることを知った日の翌日から2か月を経過した日の前日までに、合併登記の日その他の一定の事項を記載した届出書を国税庁長官に提出することにより、同様に本特例が継続されます（租税特別措置法40⑪）。

④ 資産の取得にかかる税金

（ア）登録免許税

社会福祉法人が自己のために受ける社会福祉事業その他一定の事業の用に供する土地建物の取得登記には、一定の手続をすることにより登録免許税が課されないこととされています（登録免許税法4②、別表第三⑩）。合併により移転を受けた資産がこれらの非課税対象に該当しないものである場合には課税されることになりますが、法人の合併による移

転の登記等については、その他の原因による移転の登記等に比較して税率が軽減されていますので留意が必要です（登録免許税法別表第一）。

（イ）不動産取得税

合併による移転は形式的な所有権の移転に該当し、不動産取得税は課されないこととされています（地方税法73の7二）。

〈参考文献〉

・厚生労働省「合併・事業譲渡マニュアル」（2020年9月11日）（社会・援護局福祉基盤課事務連絡）

・有限責任監査法人トーマツ『最新版 M&A実務のすべて』（日本実業出版社、2019）

・独立行政法人福祉医療機構「社会福祉法人の複数事業および施設の展開について」（Research Report、2018年8月8日）

・厚生労働省「社会福祉法人における組織再編に関する基本的な会計処理について」（社会福祉法人会計基準検討会（第6回）（2020年2月26日）資料1）

・田中正明『改訂新版 新しい社会福祉法人制度の運営実務』（TKC出版、2017年）。

・厚生労働省「「のれん」の償却に関する会計処理について」（社会福祉法人会計基準検討会（第5回）（2020年1月28日）参考資料2

・厚生労働省 社会・援護局福祉基盤課長「社会福祉法人の事業展開に係るガイドライン」（2020年9月11日／社援基発0911第2号）

第V章

デューデリジェンス

1. 組織再編等における デューデリジェンス

（1）意義と目的

　組織再編等の対象となる法人又は事業の価値やリスクを調査・分析することはデューデリジェンス（Due Diligence、以下、「DD」という）と呼ばれます。

　DDの目的は対象法人又は事業を知ることです。組織再編等を実施する際、当事者間において対象法人又は対象事業に係る情報提供が行われます。しかし対象法人及び事業に係る情報は多岐に渡り、情報提供を行う側、受ける側における情報格差、いわゆる情報の非対称性が必ず生じます。DDは組織再編等に係る情報の非対称性を解消する術として実施されます。

　具体的にはDDを実施し、対象法人又は事業を知ることで、組織再編等の実施の可否や、事業譲渡に係る支払対価等の評価における判断材料となります。例えば合併の場合、合併存続法人又は合併新設法人が、合併消滅法人の権利・義務を包括的に承継することになります。包括承継された権利・義務に合併前には識別していなかった重大な債務が存在し、合併後に顕在化することによって、事業継続に重大な影響を与える可能性もあり、合併自体が失敗する恐れもあります。そういった状況を防ぐために合併前にDDを実施する必要があります。DDを実施し合併消滅法人から提供された情報以外のリスクが発見され、当該リスクが合併存続法人又は合併新設法人において許容されないような重大なリスクである場合や、当該リスクが意図的に隠され合併協議が行われていた場合には今後の信頼関係の構築が困難な場合も想定され、合併行為自体を取りやめるといった判断も考

えられます。

　さらに組織再編等実施後の事業計画策定に係る情報取集としても重要です。DD において対象法人又は対象事業に係る課題や問題点の抽出を行い、当該課題・問題点解決につながる改善方法を見出すことで、組織再編後の実行可能性のある事業計画策定や、組織再編等に係るシナジー効果の可能性を評価することが可能です。例えば事業譲渡において、事業譲渡を実施することにより発生する影響（スタンドアローンイシュー）を識別することがあります。スタンドアローンイシューとして事業譲渡後に追加的に発生する費用を識別した場合、当該費用についても事業計画に織り込まなければ、当該事業に対する適正な事業価値評価を行うことができません。

　通常 DD については、合併における合併存続法人・合併新設法人、事業譲渡における譲受法人のような譲受側よる実施が想定されますが、合併消滅法人・事業譲渡法人のような譲渡側における実施も考えられます。DD は後述するとおり財務や事業、法務、税務等各種分野を対象として行われ、それぞれの各分野の専門家にて実施されます。自身の法人又は事業について各専門家による DD を実施し、自らが認識していなかった新たなリスクや問題点の識別を行い、譲受側への情報提供や、組織再編等実施により発生する影響（カーブアウトイシュー）の識別によるストラクチャーの選択、組織再編等を伴わない自身での事業継続の可能性等の評価・判断につながります。

　社会福祉法人には地域の福祉サービスを安定的に継続していくことが期待されており、組織再編等により、社会福祉法人の公益性・非営利性が損なわれていると疑念を与えないようにすることが必要です。譲受側について公益性・非営利性を担保するための様々な規制に抵触する可能性がないことや、これからも地域における社会福祉事業の主たる担い手として、安定的な事業運営が可能かなどを、譲渡側でも見極める必要があります。

【図表 5-1　組織再編等における各視点での DD 目的】

視　　点	目　　的
意思決定	● 事業継続性の評価、検討 ● 組織再編のストラクチャー検討 ● 組織再編等の相手に対する見極め　　等
交渉・協議	● 事業価値等の評価、検討 ● リスクの識別、評価　等
事業運営・将来計画	● 新たな事業計画の策定 ● スタンドアローンイシュー、カーブアウトイシューの識別 ● シナジー効果の識別、評価　　等

(2) プロセス

　DD は主に、対象法人又は事業において有する各種資料の閲覧と経営者や従業員等に対するインタビューによって実施されます。ただし、通常組織再編等を目的にした DD は、事前に秘密保持契約の締結を行い、さらに DD が行われていること自体の情報も一部の関係者に限定されます。そのため DD は短期間において実施され、インタビュー対象者も限られることになります。インタビュー対象者も限られ、短期間での実施となるにもかかわらず、後述するように DD の範囲については多岐にわたるため、事前に DD 実施計画を策定し、効率的に実施する必要があります。DD 実施計画において策定する事項としては以下のような項目が想定されます。

【図表 5-2　DD 実施計画における策定項目例】

項　　目	策定事項
DD 範囲	● DD 対象分野の決定 ● DD 重点領域 ● DD 実施メンバー組成
スケジュール	● DD 実施期間 ● インタビュー、現地調査日時
開示請求資料及び Q&A	● 開示請求資料リストの作成及び優先順位 ● データセンターの設置 ● 連絡窓口担当者の設置

　DD 実施計画に基づき、限られた時間の中で、開示請求資料の調査・分析、Q&A の実施、インタビュー、追加資料の開示請求等を行いながらDD が実施されます。

【図表 5-3　DD 実施のイメージ】

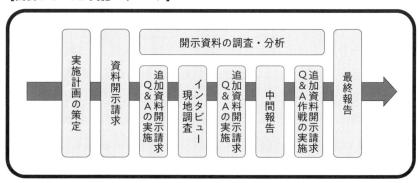

　また DD 結果については、中間報告が行われるのが一般的です。DD で発見された事項について共有を行い、今後の DD における方針確認や新たな重点領域の設定等が行われます。また DD 対象が複数にわたる場合、それぞれの DD にける発見事項を共有することにより、DD 実施の重複を防ぐ等、効率的・効果的な DD 実施に繋がります。

（3）各種デューデリジェンスの内容と役割

　一般的な DD の種類として、財務 DD、事業 DD、法務 DD があげられます。その他にもそれぞれの分野に即した税務 DD、労務・人事 DD、不動産 DD 等があげられます。それぞれの DD に係る概念自体は必ずしも明瞭でないものの、それぞれの分野の専門家によって行われることが想定されます。

【図表 5-4　主な DD の種類と専門家例】

種　類	内　　容	専門家
財務 DD	主に財務情報に関する調査	公認会計士、税理士
事業 DD	主に事業内容に関する調査	公認会計士、コンサルタント等
法務 DD	主に法的リスクに対する調査	弁護士等
税務 DD	主に税務申告内容に関する調査	税理士、公認会計士
労務・人事 DD	主に労務・人事状況に関する調査	社会保険労務士、コンサルタント等
不動産 DD	主に保有不動産に関する調査	不動産鑑定士、土地家屋調査士、建築士等

　また各分野における DD の調査項目については、他の DD 調査内容と重複する部分もあるため、それぞれの DD 間での連携や、他の DD において実施することも想定されます。さらに DD については各分野の専門家によって実施されるため、DD 実施コストが多額に発生する可能性もあります。すべての分野について網羅的に DD を実施することが難しい場合においては、対象法人又は事業において想定される問題点から、DD 対象分野の限定や優先順位決定する必要があります。

　以降において、それぞれの分野における主な DD の概要について説明します。

① 財務 DD

　財務 DD は主に対象法人又は事業の財務情報を正確に把握するために行う調査です。対象法人又は事業にて作成されている財務情報は、組織再編等の実施にあたっての価値評価の基礎となるため、正確な財務情報を把握することが大変重要となります。また財務情報の正確性のみならず、簿外債務や偶発債務等の潜在的な債務の把握についても留意する必要があります。

　財務 DD では主に資金収支計算書、事業活動計算書、貸借対照表分析を通じた収益・費用構造の把握や運転資本、財政状態、資金繰り状況の評価等を行います。またこういった財務諸表等を通じた分析のみならず、個別の取引についても調査を行い、組織再編等の阻害要因となるようなリスクの有無についても調査が行われます。例えば関連当事者との取引において、社会福祉法人における法人外への資金流出禁止の前提に抵触するような取引がある場合、当該取引の解消や、組織再編等の実施自体の可否の検討に繋がります。

　さらに費用構造の把握の過程において、組織再編等の実施において新たに発生する費用のような、スタンドアローンイシューを把握することも重要です。

　また潜在債務把握に際し、債務保証の状況や不動産に対する担保設定状況、各種引当金の計上不足等についても留意して調査を行う必要があります。

　なお財務 DD においては範囲が多岐にわたり、後述する他の DD における調査項目についても財務 DD における実施範囲とされることがあります。

【図表 5-5　財務 DD における主な調査項目例】

項　　目	主な調査内容
全般 運営状況	● 会計方針（減価償却方法、引当金方針等） ● 運営における会議体等の設置状況 ● 設備投資等に係る意思決定権限の状況 ● 国庫補助金等の受領状況 ● 行政処分等による事業制約の有無
運転資本 設備投資 財務活動	● 営業債権や棚卸資産等の資産性 ● 未払金等の債務分析（取引先、滞留状況等） ● 設備投資状況調査（稼働状況、帳簿価額の正確性、リース契約の内容、投資計画） ● 有利子負債、債務保証等の状況 ● 各種引当金に係る引当不足の有無（退職給付引当金、賞与引当金、その他法令に基づく引当金計上の要否）
損益・資金繰り 構造	● 収益・費用構造の分析 ● 正常収益力の把握 ● 共通費用にかかる配賦方法 ● 資金繰り状況及び今後の資金需要予測
取引調査	● 関連当事者取引（関係会社、法人や役員との取引、その他関連当事者・特別利害関係者の識別）
スタンドアローン イシュー	● 組織再編等の実施後の追加費用の発生可能性 ● 組織再編等に伴う事業リスク識別

②　事業 DD

　事業 DD は、対象法人又は事業において実施する事業自体を DD の対象とするものです。当該事業の将来性や収益性、事業運営における課題や問題点、事業利用者の状況等、多岐にわたる調査・分析を行います。

　事業 DD では、一般的に内部環境調査と外部環境調査という視点で行われます。

　まず、内部環境調査では過年度の財務データ等に基づいた時系列分析等による収益性・成長性の評価や、コスト分析を行います。その他、対象法人又は事業における事業計画について分析し、当該事業計画の実現可能性

の評価や課題・問題点の抽出を行うことも考えられます。

そして外部環境調査では、提供する事業のマーケットの状況やエリアに対する分析や競合他社の状況について調査が行われます。現状におけるマーケット等の外部環境を分析することで、組織再編等実施後の事業計画策定に活用することが可能です。

このような事業 DD を実施することで、対象法人又は事業の価値評価をすることのみならず、シナジーの可能性を評価することに繋がります。

その他、事業 DD では調査の過程で経営層へのインタビューを実施することが想定されます。当該インタビューの過程にて定量的な情報のみならず、事業における定性的な情報を入手することができます。

【図表 5-6　事業 DD における主な調査項目例】

項　　目	主な調査内容
内部環境調査	●財務分析（時系列分析、ベンチマーク分析等） ●事業資源分析（設備投資計画、人員計画等） ●事業計画分析
外部環境調査	●マーケット分析　●将来需要分析　●競合分析

③　法務 DD

法務 DD は、対象法人又事業における法的リスクの把握を行うために調査が行われます。その対象範囲については、契約関係や労使労務関係、訴訟係争案件等、多岐にわたります。組織再編等実施に際して障害となるような法律上の問題点の発見や、簿外債務・偶発債務等の発見が期待されます。

また、社会福祉法人において実施される事業の多くは所轄庁による許認可が必要であり、現状の許認可状況のみならず、実施後の事業に係る許認可見通しを評価することは、円滑な組織再編等実施に際して重要な要素となります。

【図表 5-7　法務 DD における主な調査項目例】

項　　目	主な調査内容
契約関係	● 現状契約内容の整理 ● 組織再編等実施後の契約継続性の把握 ● 違約金等発生の可能性
訴訟係争案件	● 潜在債務の有無 ● クレーム状況 ● 労使労務状況
許認可関係	● 許認可状況及び今後の見通し
不動産	● 登記状況や遵法性状況

　なお法務 DD の範囲は多岐にわたるため、他の DD にて調査が行われる項目についても、連携もしくは法務 DD での実施が想定されます。例えば労務・人事 DD における労使労務関係の調査や、不動産 DD における法的調査や環境法令に起因したリスクの調査等が考えられます。

④　税務 DD

　税務 DD では、主に対象法人又は事業における過去の税務申告状況の調査を行い、組織再編等実施後の追徴課税リスク等の潜在的な租税債務の評価が行われます。

　また組織再編等の実施により対象法人又は事業の税務処理が異なってくる可能性もありますので、税務コストのシミュレーションを実施することも考えられます。例えば、組織再編等を実施したことにより事業規模が拡大し消費税等の新たな課税義務が生じる場合等、将来事業計画に影響を与える可能性もあります。

　さらに事業譲渡の場合においては、譲渡法人、譲受法人双方において事業譲渡取引に関連した課税が発生する可能性があり、それらについても税務 DD において組織再編等に付随するコストとして把握しておくことが考えられます。

【図表 5-8　税務 DD における主な調査項目例】

項　　目	主な調査内容
税務申告状況	● 過去の確定申告書調査 ● 過去の税務調査における指摘状況の調査
租税コスト	● 組織再編等実施後の税務コストシミュレーション（消費税、法人税等） ● 組織再編等の付随コストのシミュレーション 　（不動産取得税、登録免許税、消費税等）

⑤　労務・人事 DD

　労務・人事 DD では、主に対象法人又は事業における従業員の状況や人事制度等の調査が行われます。

　社会福祉法人において実施される各種社会福祉事業は、有資格者によるサービス提供が多く、一般的に人材の流動性が高いと考えられます。従業員の状況については、従業員数や年齢構成、経験年数、保有資格等のみならず採用・退職状況の調査等も行うことにより、組織再編等実施後の人材確保又は流出の可能性について慎重に分析する必要があります。さらにDD 実施目的の情報秘匿性に留意したうえで、一部の従業員に対するインタビューや、過去に対象法人又は事業にて実施された就業環境等に関するアンケート調査結果等をもとに、現在の職場状況における魅力、課題・問題点の把握を行うことも考えられます。

　人事制度の調査においては、就業規則や給与規程、退職金規程等各種人事関連の規程を確認し、対象法人又は事業に係る人事制度の把握を行います。異なる人事制度を有する法人又は事業間における組織再編等では、実施後の制度統一が図られますが、前述したとおり社会福祉法人における人材は流動性が高く、人材の流出防止策（リテンション）に配慮した統一化を行う必要があります。そのためにも実施前の DD 段階において、制度の相違点を適切に把握し、時間をかけた慎重な検討を行う必要があります。

また制度のみならず給与水準についても、同業他社や職種別の比較・分析を行い、過去からの推移分析も実施します。現状の給与水準を適切に把握することは、将来事業計画における重要な要素となる人件費のシミュレーションを行う上で不可欠です。また退職金制度の概要把握、支給シミュレーションを行い、実施後の退職金制度引継の可否や、退職金の資金手当の不足等の把握を行うことも重要です。

　さらに労使労務状況についても、未支給の時間外手当等の未払労働債権の有無や、労使に関する係争案件の状況等、法務 DD と連携して実施後に顕在化するような潜在的債務の有無についても留意する必要があります。

【図表 5-9　労務・人事 DD における主な調査項目例】

項　　目		主な調査内容
人材確保	従業員構成	● 部署別、年齢別、職種別、雇用形態別集計 ● 職種別基本属性（経験年数、専門、資格、職務内容等）
	採用・離職	● 過年度採用者数、採用ルート等 ● 過年度離職者数、離職理由等
	職場状況	● 現在の職場における魅力、課題・問題点 ● 現在の職場における労働条件（有給休暇取得状況、残業状況、夜勤回数等）
報酬体系 人件費	報酬体系	● 支給項目、支給内容等
	給与総額	● 雇用形態別年収、月例給、賞与、昇給額等
	賞与	● 支給倍率の推移等
	退職金	● 制度概要、支給シミュレーション等
労使労務	労使	● 労働組合の有無、労使協定の状況、労使慣行、過去・現在の係争案件の状況等
	労務	● 労務管理の状況（労働時間、割増賃金算定等） ● 評価制度の概要 ● 福利厚生プログラムの概要

⑥ 不動産 DD

不動産 DD では、対象法人又は事業が有する不動産に対する価値評価等の経済的調査や登記情報等に基づいた権利義務関係等の法的調査、建物・設備に対する劣化状況の物的調査等が行われます。

不動産には物的リスク・法的リスク・経済的リスクなどの様々なリスク要因が存在し、もし瑕疵が発見された場合、その後の事業活動に大きな影響を及ぼします。対象不動産について詳細かつ多面的な調査を行うことにより、想定されるリスク要因を予め明らかにし、適正に分析・検討することが必要です。

【図表 5-10　不動産 DD における主な調査項目例】

項　　目	主な調査内容
不動産の物的・法的調査	● 登記簿に基づく調査 ● 隣地との境界に関する調査 ● 公法規制調査 ● 賃貸借契約に関する調査 ● 占有状況調査
建物状況調査	● 建築・設備劣化調査 ● 遵法性調査 ● 修繕・更新費用の算出 ● 環境リスク評価 ● 地震リスク評価

また事業譲渡において対象事業資産に不動産が含まれる場合、事業譲渡の支払対価における当該不動産価格が重要な要素となることが想定されます。不動産の価値評価は、原価法、収益還元法、取引事例比較法等の手法が用いられます。各手法に一定の知見が必要なため、不動産鑑定士等による価値評価の実施が考えられます。

【図表 5-11　主な不動産価値評価手法の概要】

評価手法	手法の概要
原価法	土地、建物の再調達原価に減価修正を行うことにより、積算価格を試算。土地価格については、近隣の取引事例等を参考に価格を査定。
収益還元法	適正な事業運営純収益（ネットキャッシュフロー）を把握し、還元利回りで割り戻すことにより収益価格を試算。
取引事例比較法	規範性の高い土地建物一体としての取引事例との比較により比準価格を試算。ただし、規範性の高い事例が収集できないケースでは適用が困難。

　さらに社会福祉法人においては、国庫補助金等を受けて取得した不動産の保有も考えられます。事業譲渡の対象資産において、国庫補助金等を受けて取得した不動産等の財産が存在する場合、財産処分（譲渡）に際し、厚生労働大臣等の承認が必要となります。また承認にあたっては、交付した国庫補助金に相当する額の返還（国庫納付）を求められる場合もあります。そのため、財務 DD における国庫補助金等特別積立金の計上内容の把握とともに、不動産 DD においても対象となる不動産の状況把握に留意する必要があります。

⑦　その他 DD

　前述した DD 以外にもシステム DD や環境 DD の実施も考えられます。
　システム DD では、対象法人又は事業にて使用する情報システムについて把握し、システム統合の可否やシステム維持コストや追加投資の要否等を調査・分析します。社会福祉法人においても事業を円滑に実施するためには各種情報システムの使用が不可欠となっています。一般的にシステム DD を実施しなくとも、財務 DD 又は事業 DD において使用する情報システムの概要把握が行われます（全体像・使用目的・導入時期・メーカー・保守費用等）。ただ、財務会計システムや人事情報の管理や給与計算を行う人事給与システムについては汎用的なシステムの利用が想定されま

すが、各種事業遂行のためのシステムについては、事業特性に応じた個別
に開発したシステム利用の可能性もあります。その場合には継続的な利用
可否やシステムリスクの有無について、専門の IT コンサルタント等に調
査依頼を行う可能性もあります。

　環境 DD では、対象法人又は事業にて有する不動産等に対する環境法
令等に起因したリスクの有無や追加的なコストの発生を調査・分析します。
一般的に法務 DD 又は不動産 DD の対象となりますが、例えば障がい者
支援のための工場施設を有しており、工場排出物質と土壌汚染対策法との
関係で問題となりそうな事項が存在する場合、事実確認や対策費用の算出
等において、専門の環境コンサルタントの調査が実施される可能性もあり
ます。

2. デューデリジェンス 結果の価値反映

(1) 意義

　DD を実施した結果、今後検討すべき様々な事項が発見されます。これらの発見事項は、組織再編等の成功を阻害する要因となりえるため、当該事項の解消が求められます。また定量化できるような発見事項については、支払対価等への価値評価に反映する方法が考えられます。

① 合併（吸収合併・新設合併）

　社会福祉法人の合併において、社会福祉法人には、持分の概念がないため、合併対価が支払われることはありません。そのため DD 結果を基礎とした支払対価の評価が行われません。

　一方、合併の経済的実態は「統合」と判断されます。「統合」の場合において、吸収合併消滅法人又は新設合併消滅法人の資産及び負債については、結合時の適正な帳簿価額にて吸収合併存続法人又は新設法人に引き継がれます。当該適正な帳簿価額の算定にあたって、DD 結果の価値反映が行われることになります。

② 事業譲渡

　事業譲渡においては対象事業における資産及び負債を含めた事業の移転が行われ、譲渡法人及び譲受法人間において支払対価が発生します。支払対価の算定において財務 DD 結果の資産・負債の評価や、事業 DD 結果の将来計画に基づいた事業価値評価、不動産 DD 結果の保有不動産の評

価等、各種 DD 結果の価値反映が行われます。

　事業譲渡等の支払対価を算定するために行う評価を一般的にバリュエーションといいますが、支払対価についてはバリュエーションに実施により固定的に算定されるものではありません。事業譲渡等については譲渡側と譲受側それぞれに立場が異なり利害が対立します。そのため譲渡側、譲受側それぞれが有する情報や DD 結果に基づいた価格評価（バリュエーション）と交渉を行い支払対価が決定します。そのため、DD 結果はバリュエーションと交渉の過程において、支払対価への価値反映が行われます。

　なお、社会福祉法人においては法人外への資金流出禁止の前提があるため、事業譲渡等の支払対価の算定においても留意する必要があります。支払対価等の過大・過少な見積りにより、法人外への資金流出禁止の前提に抵触し、所轄庁における許認可において不利益な判断が行われることがないよう、支払対価算定過程については DD 結果等に基づいた合理的な説明が行える状況としておくことが重要です。

（2）定量的な発見事項の取扱い

　前述したバリュエーションの代表的な方法としては、以下のような方法があります。

【図表 5-12　主なバリュエーション分類の概要】

分　類	概要（代表的な評価方法）
ネットアセット・アプローチ	貸借対照表上の純資産に着目した手法 （時価純資産法、簿価純資産法）
インカム・アプローチ	期待されるキャッシュ・フローや利益等に着目した手法（DCF 法、残余利益率法、収益還元法）
マーケット・アプローチ	過去の取引事例、類似取引事例等に着目した手法（市場株価法、取引事例法、類似取引比較法）

社会福祉法人の組織再編等においては、ネットアセット・アプローチによる手法が考えられます。マーケット・アプローチによった場合、当事者間の算出根拠に対する認識のズレが生じにくいものの、同規模の社会福祉法人の組織再編等事例や類似したビジネスモデルの取引事例等は多く行われておらず、算定基礎となる取引規模を算出することが困難と考えられるためです。またインカム・アプローチによった場合、主に将来価値に基づいた評価が行われます。ただし割引率や各種パラメーターの設定等が複雑で、将来予測等に主観要素が入りやすく、価値算定までに手間を要します。さらに社会福祉法人の実施する事業の多くは許認可事業であり、当該許認可等の変化により、将来計画が大きく影響を受けることとなり、中長期的な将来計画は不確実性を伴います。

そのため、比較的容易に客観的な算定が行える方法としてネットアセット・アプローチによる手法が考えられます。ただネットアセット・アプローチによる評価手法は、あくまで一時点における評価となるため、将来要素が考慮されていない点留意が必要です。そこでDDにおける定量的な発見事項をネットアセット・アプローチに基づいた評価額に価値反映させる方法もあります。例えばDDの発見事項として設備更新等による設備投資コストの発生が不可避とされる場合や、対象事業から一定期間赤字が見込まれる場合、譲渡側に設備投資コストや赤字額の負担を求め、ネットアセット・アプローチに基づいた評価に反映し、支払対価等を決定することも考えられます。

(3) 定性的な発見事項の取扱い

定量化できない発見事項（定性的な発見事項）については、支払対価等に価値反映することが難しく、組織再編等の実施までに当該リスクの解消や低減要求、組織再編等に係る最終合意書等において組織再編等の実施の前提条件や表明保証としての条項追加が考えられます。表明保証とは、一定時点における契約当事者に関する事実、契約の目的物の内容等に関する事実について、当該事実が真実かつ正確である旨契約当事者が表明し、相

手方に対して保証する条項をいいます。表明保証に違反した場合、組織再編等を実施しないこと、契約解除、支払対価等の調整をすることができる等の補償条項を規定することで、DD にて発見されたリスクの解消を促すことになります。また前述したとおり DD は時間的制約の中、多岐にわたる調査を行わなければならず、コストの面から範囲を絞った実施も想定されることから、組織再編等の当事者双方における情報の非対称性をすべて解消するのは困難です。こういった DD 実施においても把握しきれないリスクを除去・低減させる観点からも表明保証を求めることは有効です。

【図表 5-13　定性的発見事項に対する取扱い例】

発見事項	取扱い例（改善要求・表明保証等の条項追加等）
財務 DD	
現物不明資産の存在	管理方法の改善や現物実査を要求し、最終合意書等において対象資産を規定する
関連当事者取引	一般的価格と乖離した取引の解消や取引価格の適正化を要求する
事業 DD	
キーマンの存在	人材流出防止施策(リテンション)の要求や、最終合意書等においてキーマン条項を規定する
非現実的な事業計画	一定の目標達成を条件とするような条件付支払対価を設定する
法務 DD	
許認可の漏れ	各種許認可実施を前提条件として最終合意書等において規定する
税務 DD	
無理な損金処理	税務リスクに対する表明保証を求める
労務・人事 DD	
未払残業代	適正な帳簿価格として影響額の見積り、財務諸表等へ反映又は未払状態の解消を要求する
不動産 DD	
抵当権、未登記、境界未確定	対象不動産の抵当権解消や登記実施、境界確定の実施を前提条件として規定

〈参考文献〉

・加藤真朗編著他『弁護士・公認会計士の視点と実務 中小企業の M&A―スキーム・バリュエーション・デューデリジェンス・契約・クロージング』(日本加除出版、2020 年 9 月)。

・佐武伸『M&A コンサルティングの実務 第 2 版』(中央経済社、2020 年 6 月)。

第Ⅵ章

社会福祉連携推進法人

1．制度

（1）意義

　社会福祉連携推進法人制度は、社会福祉法に規定されており、社会福祉事業を行う法人の連携強化を目的に作られました。そのため、社会福祉連携推進法人（以下、「連携推進法人」という）の母体となる一般社団法人には、社会福祉法人だけでなく、社会福祉事業を行う医療法人や、NPO法人などが社員となって参画することが想定されています。設立された一般社団法人のうち、一定の基準を充たしたものが所轄庁の認定を受けて連携推進法人となります。当制度は、2020年6月の社会福祉法の改正により、社会福祉法人の組織再編等の手法の一つとして創設されました。

　社会福祉協議会を通じた社会福祉法人間のネットワークや合併・事業譲渡等といった既存の組織再編手法が用意されている中で、新たに連携推進法人制度が創設された背景には、地域福祉の推進を後押しする制度体制が求められていることが挙げられます。今後ますます高まる地域の福祉ニーズに対応するためには、社会福祉法人や社会福祉事業者は、地域の福祉サービスの需要に見合った供給量やサービスの質を維持・向上することが必要です。連携推進法人制度は良質で充実した福祉サービスの提供や社会福祉法人の経営基盤を強化するための連携・協働化の新たな選択肢として、地域福祉の推進を後押しすることが期待されています。

　これまでの社会福祉協議会による連携や社会福祉法人の法人間の連携に比べ、連携推進法人を通じた参加法人間の連携は、同じ一般社団法人の「社員」として法人のミッションを共有するため、一段深い連携・協働化

の仕組みとなっています。つまり、参加法人の業務を連携推進法人に集約することで、規模の経済の発揮や事務作業の効率化が図られ、連携推進法人へのヒト・モノ・カネ・情報の経営資源の集約を通じて、参加法人単独では手の届かない、あるいは見過ごされてきた福祉ニーズを掬い上げることが期待できます。また、合併・事業譲渡等は、経営面・資金面も一体となることで人事制度も含めて一体経営を可能とするメリットがある反面、一方の法人の自主性が損なわれるため、合意形成に時間がかかるというデメリットが挙げられます。しかし、連携推進法人制度は参加法人の自主性が維持されたまま、参加法人が納得する範囲で一体的な事業運営をすることも可能となるのです。以上を踏まえると連携推進法人を設立するメリットは同じミッションを共有する法人同士が自主性を保ちながら、経営資源の集約によって規模の大きさを活かした社会福祉事業を提供することができる点と言えるでしょう。組織再編等をするにあたってどのような手法を採用するかにおいて、結びつきの強さの違い（図表6-1）や連携推進法人の特徴（図表6-2）を理解することが必要です。

【図表6-1　組織再編等の連携・結びつきの強さ】

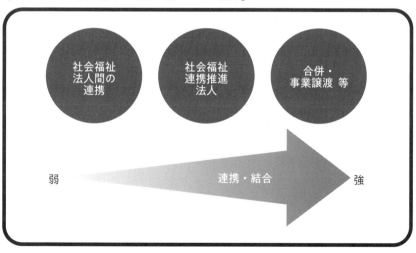

【図表6-2　既存の連携方策と比較した連携推進法人の特徴】

既存の連携方策	既存の連携方策と比較した 連携推進法人の特徴
法人同士の自主的な連携	一段深い連携・協働化ができる
社会福祉協議会による連携	実施区域が限定されていないため、全国規模のような広範囲の連携も可能
法人形態を社会福祉法人とした場合の連携	社会福祉事業を実施する必要がないため、法人間の連携業務に専念できる

出所：「社会福祉連携推進法人の運営の在り方等に関する検討会　とりまとめ」（2021.5）
　　　（厚生労働省社会・援護局　福祉基盤課）をもとに作成

連携推進法人制度には、以下のような点で活用する意義があると考えられます。

① 　子育てや介護、生活困窮等のように地域において複雑化、多様化している福祉ニーズを調査・把握するとともに、社会福祉法人が福祉ニーズに協働して対応できるような取組みを企画・立案すること。さらに、取組みに対する調整や助言をすること。

② 　少子高齢化とともに生産年齢人口の減少による福祉の担い手不足に対応するために人材を確保・育成し定着させるための支援をすること。

③ 　社会福祉法人の経営基盤を強化し、持続可能なサービスを提供するために経営に関する情報を提供・共有する等の支援をすること。

（2）期待効果

地域福祉ニーズへの対応や経営基盤の強化のために組織再編等を行おうとする社会福祉法人が、連携推進法人制度を選択することによって期待されるメリットを、法人間連携や合併・事業譲渡等と比較してみていきましょう。

連携推進法人が実施する社会福祉連携推進業務（以下、「連携推進業務」という）は、社会福祉法第125条で6つ限定列挙されています（詳細は**第**

1.
制
度

139

Ⅵ章第2節で後述します)。どの業務を行うかは連携推進法人が選択でき、様々なパターンの連携推進法人が創設されることが想定されています。例えば以下のような法人です。

・日常生活圏域で介護事業や保育事業といった業種の垣根を超えた連携を支援する法人
・日常生活圏域の枠を超えた、介護事業や保育事業等の同業種による連携を支援する法人

① 日常生活圏域で業種の垣根を越えた連携を支援する法人

このパターンの法人は、地域福祉(高齢者、障がい者、子育て、生活困窮者等に関する地域福祉における課題の解決)の推進のための連携支援を連携推進業務として取り組むことが考えられます。日常生活圏域で、特別養護老人ホーム等の高齢者施設を運営する法人、障がい者就労支援業務等を行う法人、保育所を運営する法人等の連携調整等を行うことになります。

日常生活圏域での業種の垣根を超えた連携支援は、現在でも厚生労働省の「小規模法人のネットワーク化による協働推進事業」の拡充によって、社会福祉協議会や自治体による法人間連携という形で積極的に行われています。例えば、山形県では、高齢者福祉施設の施設長による連絡会が設置されています。当連絡会では、引きこもりや生活が困窮している方、障がい者の就業問題という地域が抱える課題に対して、介護施設での介護体験を通して介護施設での就労の場を増やしていく取組みを行っています。

また、兵庫県では社会福祉協議会が運営するネットワークが運用されています。当ネットワークでは児童や障がい者、高齢者に対して業種を超えた包括的な相談支援拠点の設置を目指しています。

それでは、連携推進法人を活用することでどのような効果が期待できるのでしょうか。

【図表 6-3　地域福祉支援業務のイメージ】

出所：厚生労働省 社会・援護局福祉基盤課「社会福祉連携推進法人の運営の在り方等に関する論点整理（社会福祉連携推進業務①）」(2020.12)（資料2)

　連携推進法人には社会福祉事業を行う法人であれば、NPO法人や株式会社等も参画することができます。様々な業種や法人の参画によって、社会福祉法人だけではカバーしきれない、より網目の細かいセーフティネットを張り巡らすことで、地域の福祉ニーズがカバーできることを目指しています。また、マネジメント機能の発揮という役割もあるでしょう。地域の福祉課題と事業者をマッチングさせたり、課題によっては連携推進法人がアドバイザーとなって助言したり、参加法人の後方支援を行う司令塔のような機能を発揮します。さらに、参加法人は自主性が確保されている一方で、同じ一般社団法人の「社員」として法人のミッションを共有するため、スムーズな連携が期待されることでしょう。これが、既存の組織再編等の枠組みと比較して連携推進法人が一歩踏み込んだ連携と言われる所以です。

② 日常生活圏域の枠を越えた同業種による連携を支援する法人

　このパターンの法人は、福祉人材の確保及び育成等を連携の主な取組みとして、主に都道府県域の範囲、あるいは全国規模で同業種の法人の連携支援を行うことが考えられます。

　社会福祉法人が共同して人材採用等を行う取組みはすでに進んでいます。一例として京都府の社会福祉法人グループが挙げられます。当グループは、地域包括ケアシステムの実現とともに人材の確保及び育成を目的の一つとして、複数の社会福祉法人が集まって設立されました。グループで人材採用を行うには、法人間の給与体系の違いや業務内容の違いが大きな課題になると想像されますが、このグループではどのように課題を解決してきたのでしょうか。

　当グループ内には、連携支援業務を行う開発部門を有する社会福祉法人が存在しています。この開発部門に在籍する職員が、組織風土や介護水準を標準化するための施設の地域展開等を助言・指導する役割を担っており、参画している法人ごとの業務上の課題を解決・改善しています。さらに給与体系の統一モデルの作成、雇用環境の改善に取り組んだことによって、人材の共同採用のための土壌を整えたことが成功要因と言えるでしょう。さらに当該業務を外部委託することなく内部で行ったことでグループ内に知見が蓄積されています。今後のグループのさらなる発展の礎となることでしょう。

　このようなタイプの法人では、連携推進法人を活用することでどのような効果が期待できるでしょうか。

　まず、前述のように参画している法人の自主性を確保しつつ、一歩踏み込んだ連携をすることが可能になります。ここでいう踏み込んだ連携とは、人材の共同採用や育成、固定資産や消耗品等の共同購入、参画している法人への資金の貸付等が想定されています。これを都道府県域の範囲、あるいは全国規模で実施できれば絶大な効果が得られると考えられます。次に、連携推進法人は一般社団法人としての法人格を有しているため、連携支援

【図表 6-4　福祉人材の確保・育成業務のイメージ】

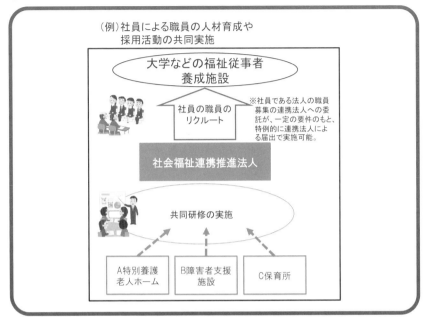

出所：厚生労働省 社会・援護局福祉基盤課「社会福祉連携推進法人の施行に向けた検討について」（社会福祉連携推進法人の運営の在り方等に関する検討会（第1回）（2020.11）資料2）

に必要な業務契約を連携推進法人名義で行うことができます。例えば、地域で「ふれあいの場の提供」という取組みを行う場合、使用する設備の賃貸借契約は連携推進法人が行うため、社会福祉法人が個別に契約等を締結する必要がなくなります。また、対外的な信用度も増すことになり、当該取組みがスムーズに進められるほか、その信用力によって金融機関との取引も有利に働くことが想定されます。さらに、一般社団法人であることから、連携推進法人は社会福祉事業を行う必要がなく、連携支援のための業務に専念することができます。

　その他、後述の地域医療連携推進法人制度で対応できない課題を克服することも期待されます。地域医療連携推進法人は地域医療構想の加速化の

ための制度であり、地域における医療機能の分担や病床の相互融通等が主な目的です。そのため、この制度には在宅医療や地域包括ケアシステムといった視点が不足しており、地域医療連携推進法人には介護事業を行う非営利法人も参加できるものの、地域包括ケアシステムの構築は想定されておらず、高齢社会をはじめとした介護福祉といった課題への対応には限界があるといえます。そこで、連携推進法人には地域医療構想により早期に在宅復帰させられた患者の在宅における限界点を高める期待役割が考えられ、地域医療構想を補完する役割も期待されているのです。

2．運営

(1) 概要

① 社会福祉連携推進認定

　連携推進法人の設立は法人間の連携を目的としているため、法人として参画できるような法人格とすることが適当です。そのため、連携推進法人は一般社団法人とし、当法人が所轄庁に社会福祉連携推進認定の申請を行い、所轄庁が一定の基準に適合すると認めた場合に認定されます。所轄庁は社会福祉法人と同様に、事業区域等により決定されます。

【図表 6-5　社会福祉連携推進法人の所轄庁】

社会福祉連携推進法人の事業区域等	所轄庁 （設立認定者）
法人の主たる事務所が市の区域内にあり、実施する事業が当該市の区域を超えない場合	市（市長）
法人の従たる事務所が 2 以上の地方厚生局の管轄区域に渡り、当該法人の所轄庁を厚生労働省令で定めた場合	厚生労働省 （厚生労働大臣）
上記以外	都道府県（知事）

② 社会福祉連携推進法人のガバナンス体制

　連携推進法人は一般社団法人であるため、設置すべき機関等は一般社団法人に準じますが、一部は社会福祉法にて別に定められています。

【図表 6-6　社会福祉推進法人の全体像】

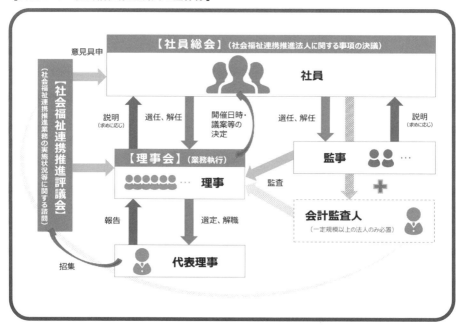

出所：「社会福祉連携推進法人の運営の在り方等に関する検討会　とりまとめ」（2021.5）（厚生労働省社会・援護局福祉基盤課）

　社員となることができる法人は、「社会福祉法人」及び「その他社会福祉事業を経営する者」、又は「社会福祉法人の経営基盤を強化するために必要な者として厚生労働省令で定める者」であり、社会福祉法人である社員の数が社員の過半数である必要があります（社会福祉法127）。社員のうち「その他社会福祉事業を経営する者」とは、社会福祉事業を行うNPO法人や株式会社等が想定されています。また、「社会福祉法人の経営基盤を強化するために必要な者として厚生労働省令で定める者」とは、介護福祉士や看護師を養成する学校（法人形態は様々）が想定されています。さらに、これらの社員によって構成される社員総会を設置しなければなりません。また、社員の議決権は原則として1社員当たり1議決権とされていますが、これについて例外的な取扱いを行う場合であっても、社員である

社会福祉法人の議決権は総社員数の過半数を占めている必要があります。

　理事は6人以上置くこととされており、代表理事及び理事会の設置が義務付けられています（社会福祉法127）。理事で構成される理事会は、連携推進法人の業務執行の決定、理事の職務執行の監督、代表理事の選定及び解職を行います。ただし、代表理事の選定及び解職には、認定所轄庁の認可が必要となります（社会福祉法142）。

　監事は2人以上置くこととされています（社会福祉法127）。監事は理事の職務の執行を監査するとともに、監査報告を作成しなければなりません。また、監事は理事会に出席することが義務付けられています。

　会計監査人の設置義務の範囲については、社会福祉法人の設置基準と合わせることとされ、収益30億円超又は負債60億円超の連携推進法人が対象になります。この基準は実態を踏まえながら、必要に応じて見直されることが想定されています。

　連携推進法人の意見具申及び評価機関として社会福祉連携推進評議会（以下、「評議会」という）を設置しなければなりません（社会福祉法127）。評議会は代表理事が招集し、中立公正な立場から連携推進法人の業務の評価を行うとともに、地域の福祉ニーズを的確に反映するための意見具申、その他必要に応じて重要な事項に関する議論を行います。提出された評議会の意見は、社員総会及び理事会において尊重しなければならないとされています。また、評議会は少なくとも年1回以上の開催が必要であり、意見具申の内容や評議会に諮問した場合の議事は社員総会への報告が求められていること、事業報告に関する評価を行うことから社員総会の前に招集、開催することが考えられます。

【図表 6-7　連携推進法人のガバナンス体制】

	社員総会（社員）	代表理事	理事会（理事）	監事・会計監査人		社会福祉連携推進評議会
位置付け	法人運営に係る重要事項の議決機関	法人の代表、業務の執行機関	業務執行の決定、理事の職務執行の監督機関	理事の執務執行の監査機関		社会福祉連携推進業務の実施状況等に関する意見具申・評価機関
構成員の資格	社員（法人）	理事	社会福祉連携推進業務について識見を有する者等	財務管理について識見を有する者等	・公認会計士 ・監査法人	・社会福祉連携推進区域の福祉の状況の声を反映できる者を必ず入れる ・業務に応じて、福祉サービス利用者団体、経営者団体、学識有識者等から構成
任期		2年	2年	2年	1年（社員総会で別段の決議がない場合自動再任）	4年
構成員の員数	2以上	1名	6名以上	2名以上	1名以上	定款で定める員数（3名以上）
理事との兼務				不可（一社法第65条第2項）	不可（会計士法第24条第1項）	不可

	社員総会（社員）	代表理事	理事会（理事）	監事・会計監査人		社会福祉連携推進評議会
親族等特殊関係者の制限等			・各理事の親族等の特殊関係者が3人以内であること ・上記の合計数が理事総数の1/3を超えていないこと ・同一法人からの理事が理事の総数の1/3（社員数が2の場合は1/2）を超えないこと	各役員の親族等特殊関係者が含まれていないこと	・理事・監事から公認会計士等の業務以外の業務により継続的な報酬を受けている者又はその配偶者等でないこと ・監査法人でその社員の半数以上が上記に該当していないこと	
構成員の選任方法		理事の互選又は社員総会の決議	社員総会	社員総会	社員総会	理事会で人選し、社員総会で承認
議決（意見聴取）事項	・社員の除名 ・理事、監事、会計監査人の選任、解任 ・利益相反取引 ・役員報酬基準の承認 ・定款変更 ・計算書類の承認　等		・社員総会の日時、場所、議題、議案 ・代表理事の選定・解職 ・重要な財産の処分、譲受け ・計算書類の承認　等			・事業計画 ・社会福祉連携推進評議会の構成員の定数変更等

	社員総会 （社員）	代表理事	理事会（理事）	監事・会計監査人		社会福祉連携 推進評議会
その他	・社員の過半数は社会福祉法人 ・議決権の過半数は社会福祉法人	理事会又は社員総会の決議で解任可 （一社法第70条第1項、第90条第3項）	社員総会の決議で解任可 （一社法第70条第1項）	社員総会の決議で解任可 （一社法第70条第1項）	会計監査人については、収益30億円又は負債60億円超の場合に必置	意見具申の内容及び理事会が諮問を行った場合、議事を社員総会に報告

出所：「社会福祉連携推進法人の運営の在り方等に関する検討会　とりまとめ」（2021.5）（厚生労働省・援護局　社会基盤課）

③　社会福祉連携推進業務

　連携推進法人が行うことのできる連携推進業務は、以下6つの業務に限定されています（社会福祉法125）。

　　㋐　地域共生社会の実現に資する業務の実施に向けた種別を超えた連携支援（地域福祉支援業務）

　　㋑　災害対応に係る連携体制の整備（災害支援業務）

　　㋒　社会福祉事業の経営に関する支援（経営支援業務）

　　㋓　社員である社会福祉法人への資金の貸付（貸付業務）

　　㋔　福祉人材不足への対応（福祉人材の確保や人材育成）（人材確保等業務）

　　㋕　設備、物資の共同購入（物資等供給業務）

　連携推進法人は連携推進業務を行うことが目的とされるため、社会福祉事業を行うことはできません（社会福祉法132）。また、連携推進業務以外の業務（付帯業務）を行う場合には、連携推進業務の実施に支障を及ぼさない範囲で行わなければなりません（社会福祉法132）。

【図表 6-8　連携推進業務の具体例】

連携推進業務	連携推進業務の例示
（ア）地域共生社会の実現に資する業務の実施に向けた種別を超えた連携支援（地域福祉支援業務）	● 地域住民の生活課題を把握するためのニーズ調査 ● ニーズ調査の結果から新たな取組の企画立案、支援 ● 取組状況の把握及び分析 ● 地域住民への取組の周知及び広報 ● 社員が地域の他機関と共同するための調整
（イ）災害対応に係る連携体制の整備（災害支援業務）	● 災害に対するニーズの事前把握 ● BCP の策定や避難訓練の実施 ● 被災施設に対する被害状況調査 ● 被災施設に対する応急的な物資の備蓄及び提供 ● 被災施設利用者の他施設への移送調整 ● 被災施設の不足人材の応援派遣調整 ● 地方自治体との連絡調整
（ウ）社会福祉事業の経営に関する支援（経営支援業務）	● 社員に対する経営ノウハウ等に関するコンサルティング ● 社員に対する人事給与システムに関するコンサルティング ● 社員の財務状況分析及び助言 ● 適正な財務会計を行うための体制の構築支援 ● 法令に抵触しない範囲での社員の事務処理の代行
（エ）社員である社会福祉法人への資金の貸付（貸付業務）	● 社員への資金の貸付
（オ）福祉人材不足への対応（福祉人材の確保や人材育成）（人材確保等業務）	● 社員合同での採用募集 ● 社員間での人事交流の調整 ● 給料等に関する社員間の共通化の調整 ● 社員の施設における職場体験や現場実習等の調整 ● 社員合同での研修 ● 社員の施設における外国人材の受入支援
（カ）設備、物資の共同購入（物資等供給業務）	● 衛生用品の一括調達 ● 介護機器の一括調達 ● システムの一括調達 ● 社員の施設で提供される給食の供給

出所：「社会福祉連携推進法人の運営の在り方等に関する検討会　とりまとめ」（2021.5）（厚生労働省 社会・援護局　社会基盤課）をもとに作成

（2）検討すべきポイント

　連携推進法人を設立し、効果的に運営するためには、設立の目的を明確にして、参画する法人同士で連携・協議しながら進めていくことが重要です。さらに現在、「社会福祉連携推進法人の運営の在り方等に関する検討会」にて継続して検討が行われています。ここでは連携推進業務を行うにあたっての留意点や、連携推進法人の業務運営費用をどう賄うか等について検討されているため、こちらの動向にも留意することが必要です。

①　目的の明確化

　連携推進法人の目的が、不足する福祉人材の確保なのか、地域福祉の連携支援なのか、又はその両方なのか、といった目的を明確にして取り組むことが重要です。それによって連携推進法人が進むべきベクトルが定まります。後から連携推進業務の範囲を増やすことや、変更することも可能であるため、中長期的な目的、短期的な目的と分けて実施することも有用です。

　また、参加する法人の範囲を検討することも重要です。初めから多くの法人で行うと、同意を得られないような事項も発生することが想定されるため、少数の法人でスタートし、その後拡大していくことも考えられます。

②　目的達成のための道筋の共有

　目的を達成するための道筋を関係者間で協議し、共有することが重要です。複数回の勉強会を開催し、関係者間で認識を共有することで目的の達成にスムーズに進むことができます。

　また、連携推進法人の事務局人材の確保、資金面の確保等の連携推進法人の運営に関する課題についても協議し、共有しておく必要があります。

（3）会計・税務

　連携推進法人に関する会計及び税制面への対応については、厚生労働省社会・援護局の社会福祉連携推進法人の運営の在り方等に関する検討会で検討が進められています。

3. 類似法人
（地域医療連携推進法人）

（1）概要

　これまで、本章にて社会福祉連携推進法人についてその概要と運営について解説してきましたが、社会福祉連携推進法人制度が2020年6月に創設される前に、医療分野においては、2017年4月から医療法人等の連携・協働化の方策の一つとして、地域医療連携推進法人制度が設けられています（医療法第70条以下）。社会福祉連携推進法人は、前例となる地域医療連携推進法人と同様の効果が期待されているものと考えられます。そこで本節では、社会福祉連携推進法人の類似法人形態として、地域医療連携推進法人を参考に、その制度の概要を解説したうえで、法務（制度上のルール）、会計、税務及び地域医療連携推進法人に参加するにあたって検討すべきポイントを解説します。

　地域医療連携推進法人制度とは、地域医療構想を目的とし、病院等に係る業務の連携を推進するための方針（医療連携推進方針）を定め、医療連携推進業務を行う一般社団法人を都道府県知事が認定（医療連携推進認定）する制度です（厚生労働省「地域医療連携推進法人制度について」（平成29年2月17日付医政発0217第16号厚生労働省医政局長通知））。

　参加法人等は、一般社団法人の社員として医療連携推進業務を担いつつ、経営の独立性が確保されます。いわゆる「ネットワーク以上合併未満」の制度であり、地域医療構想の推進に向けた選択肢の一つとして期待されています。

　厚生労働省のホームページ（地域医療連携推進法人制度について）によれ

ば、2021年7月時点で、28法人が地域医療連携推進法人として認定され、地域特性を踏まえ様々な形で連携を図っています。また、同医政局医療経営支援課「地域医療連携推進法人制度に関するアンケート調査結果（2020年1月実施）」によると、図表6-9に記載のとおり、多くの法人で「専門職の派遣による人材確保」、「研修会の充実に人材育成」、「物品等の共同購入によるコストダウン」、「共有の情報システムの構築」、「自法人だけでは得られない重要情報の獲得」等の、ヒト、モノ、情報といった経営資源の効率化に繋がったことがわかっています。

なお、地域医療連携推進法人制度の制度趣旨や組織体制については、図表6-10のとおりです。

【図表6-9　地域医療連携推進法人参加のメリットまとめ（良かった点・期待を上回った点）】

（医療提供体制の充実、施設間の機能分化）
- 地域医療構想調整会議等の議論が容易になったこと

（連携強化）
- 連携推進法人参加施設同士の意見交換など、一施設では得ることのできなかった情報を得ることができること
- 職種の異なる他の法人の参加により、地域全体をカバーできること
- 単科病院だけでは解決困難な問題についても対策が進めることができること
- 医療安全や院内感染症対策など他施設の蓄積されたノウハウの共有・指導を受けられること

（人材確保・人材派遣・人事交流）
- 連携法人での交渉により地域全体としての医師・看護師の確保ができ、医師・看護師の確保及び連携法人内での派遣体制がスムーズにできること

（経営上のメリット）
- 医薬品共同購入により、スケールメリットによる経費の削減及び業務の効率化が図れること
- 単独よりも大型医療機器の購入や保守契約の価格交渉で優位となれること

（その他）
- 地域を支えるステークホルダーの考え方がわかること
- 知名度が上昇すること
- 連携推進法人であっても、運営面での縛りはそれほど感じないこと
- 統合再編における役割について、関係者の理解が進んでおり、医師をはじめとしたスタッフについて優秀な人材の確保ができているほか、職員の新病院に対するのモチベーションが向上すること

出所：厚生労働省 医政局医療経営支援課「地域医療連携推進法人制度に関するアンケート調査結果（2020年1月実施）」をもとに作成

【図表 6-10　地域医療連携推進法人の概要】

地域医療連携推進法人制度の概要

・医療機関相互間の機能分担及び業務の連携を推進し、地域医療構想を達成するための一つの選択肢としての、新たな法人の認定制度
・複数の医療機関等が法人に参画することにより、競争よりも協調を進め、地域において質が高く効率的な医療提供体制を確保

地域医療連携推進法人

| 理事会 (理事3名以上及び監事1名以上) | 連携法人の業務を執行 → | 社員総会 (連携法人に関する事項の決議) | ← 意見具申 (社員総会は意見を尊重) | 地域医療連携推進評議会 | 認定・監督 | 都道府県知事 | 意見具申 | 都道府県医療審議会 |

○医療連携推進区域（原則地域医療構想区域内）を定め、区域内の病院等の連携推進の方針（医療連携推進方針）を決定
○医療連携推進業務等の実施
　診療科（病床）再編（病床特例の適用）、医師等の共同研修、医薬品等の共同購入、参加法人への資金貸付（基金造成を含む）、連携法人が議決権のすべてを保有する関連事業者への出資等
○参加法人の統括（参加法人の予算。事業計画等への意見を述べる）

参画（社員）　参画（社員）　参画（社員）　　参画（社員）

参加法人
（非営利で病院等の運営又は地域包括ケアに関する事業を行う法人）

| （例）医療法人A
病院 | （例）公益法人B
診療所 | （例）NPO法人C
介護事業所 | ・区域内の個人開業医
・区域内の医療従事者養成機関
・関係自治体　　　　　　等 |

○一般社団法人のうち、地域における医療機関等相互間の機能分担や業務の連携を推進することを主たる目的とする法人として、医療法に定められた基準を満たすものを都道府県知事が認定
（認定基準の例）
・病院、診療所、介護老人保険施設、介護医療院のいずれかを運営する法人が2以上参加すること
・医師会、患者団体その他で構成される地域医療連携推進評議会法人内に置いていること
・参加法人が重要事項を決定するに当たっては、地域医療連携推進法人に意見を求めるとこを定款で定めていること

出所：厚生労働省 医政局医療経営支援課「地域医療連携推進法人制度に関するアンケート調査結果（地域医療連携推進法人、都道府県・都道府県医師会・地域医師会（※）からの回答）」(2019年1月25日　地域医療連携推進法人連絡会議資料)

(2) 法務（制度上のルール）

① 役割

　地域医療連携推進法人は医療連携推進区域において、自主的にその運営基盤の強化を図るとともに、病院等の開設、参加法人の機能分担及び業務連携の推進を図り、地域医療構想の達成等に資する役割を積極的に果たすよう努めることが求められています（医療法70の7）。

② 業務内容

地域医療連携推進法人では主にその活動の理念・目標・設計・方針など
を包括的に定めた「地域医療連携方針の決定」、それに基づく「医療連携
推進業務等の実施」、参加法人へ地域医療連携方針に則った運営を促す
「参加法人の統括」などの業務が行われます（図表6-6）。

（ア）地域医療連携方針の決定

医療連携推進方針には「イ．連携推進区域の設定」「ロ．参加病院等
相互間の機能分担及び業務連携の設定」「ハ．ロに掲げる事項に関する
目標設定」「ニ．その他」が含まれます（医療法70条の2第2項）。

まず、連携エリアを決めます。基本は2次医療圏が想定されますが、
複数の二次医療圏を含めて設定することも想定され、必ずしも二次医療
圏に限定されるものではありません（医療法70の2⑤）。次に連携推進
区域内の地域医療構想等の達成のために各参加病院等の機能分担や業務
連携を決め、各種の目標設定を行います。その他として、参加法人・個
人、理念・運営方針等を決めていきます。

医療連携推進方針は地域医療連携推進法人の認定を受ける際に決定さ
れます（医療法70の2①）。ただし、医療連携推進方針は地域医療連携
推進法人としての認定を受けた後も都道府県の認可のもと定款変更する
ことにより変更が可能です（医療法70の18、54の9③）。

（イ）医療連携推進業務等の実施

地域医療連携推進法人は医療連携推進方針に従った連携推進を図るこ
とを目的として共同研修、共同購入、参加法人への資金貸付などを行い
ます。具体的には以下の業務を行います。

【医療法 70 条の業務】

No	項　　目	内　　容
1	医療従事者の共同研修 （医療法 70 ②一）	医療従事者の資質向上のための共同研修を行います。法人内にて共同で研修を行うことにより、効率的に医療従事者の資質向上を図れます。
2	医薬品・医療機器等の共同購入 （医療法 70 ②二）	医薬品・医療機器等の共同購入を行います。スケールメリットを生かし、コスト削減を図れます。
3	参加法人への資金貸付け、債務保証及び基金引受け （医療法 70 ②三、医療法施行規則 39 の 3 ①）	参加法人の資金需要に対応し、参加法人への資金貸付けや債務保証を行います。運営資金・貸付資金等の原資となる基金を参加法人から募ることができます。
4	その他 （医療法 70 ②）	その他医療連携推進方針に沿った連携の推進を図ることを目的として業務を行います

また、所定の条件を満たせば以下の業務を行うことができます。

【医療法 70 条の 8 の業務】

No	項　　目	内　　容
1	介護事業等の連携推進業務 （医療法 70 の 8 ①）	介護事業等との連携推進を図るための業務を行うことができます。 ただし、実施には当該業務を医療連携推進方針に記載することが必要です。
2	出資 （医療法 70 の 8 ②）	以下条件を満たす事業者へ出資ができます。 ● 事業者は連携推進区域内で連携推進業務と関連する事業を行っていること。 ● 出資に係る収益を連携推進業務に充てること。 ● その他医療連携推進業務の実施に支障を及ぼすおそれがないものとして厚生労働省令で定める要件に該当するものであること。
3	施設もしくは事業所の開設 （医療法 70 の 8 ③〜⑤）	病院、診療所、介護老人保健施設、介護事業所などの施設等を開設することができます。 ただし、実施には医療連携推進業務の実施に支障のないことについて、都道府県知事の確認を受ける必要があります。

（ウ）参加法人の統括

　参加法人へ重要事項（以下a〜g）及びその他重要事項について、意見を述べます。

　　a．予算の決定、
　　b．事業計画決定、
　　c．長期借入の決定、
　　d．重要な資産処分、
　　e．定款（寄附行為）の変更、
　　f．合併・分割、
　　g．目的事業の不能、省令に定める事由による解散

　参加法人は、a〜gの重要事項について予め連携推進法人に意見を求めなければならないものとする旨を定款で定めなければなりません（医療法70の3①十七）。

③　機関

　地域医療連携推進法人では（ア）社員総会、（イ）役員（代表理事・理事・監事）、（ウ）理事会、（エ）地域医療連携推進評議会の設置が必須となります。

（ア）社員総会

　社員総会は社員（参加法人・個人）で構成されます。議決権は1社員につき1個ですが、定款で社員ごとに異なる個数の議決権を付与することも可能です。また、参加法人の有する議決権の合計は総社員の議決権の過半を占めていることが必要です（医療法70の3①十、十一）。

　社員総会では、地域医療連携推進法人の基本となる重要事項について決議します。

（イ）役員（代表理事・理事・監事）

　理事は理事会の構成員であり3名以上必要となます、そのうち1名が

代表理事となります。代表理事は地域医療連携推進法人を代表し、業務に関する一切の裁判上・裁判外の行為を行う権限を有します。なお、理事の選任・解任は社員総会決議で行われますが、代表理事の選任・解任には都道府県知事認可が必要になります（医療法70の3①十三、十四、医療法70の19）。

　また、理事・監事には「利害関係のある営利法人の役員は就任できない」、「親族関係にある者が役員の3分の1以上になってはいけない」「理事の1名以上は有識者である必要ある」等の資格制約があります（医療法70の3①十二、十三）。

（ウ）理事会

　理事により構成される機関であり、地域医療連携推進法人の業務執行の決定、理事の職務執行の監督、代表理事の選任・解任等を行います（医療法70の3①十五）。

（エ）地域医療連携推進評議会

　地域医療連携推進評議会は、地域医療連携推進法人独自の機関です。地域ニーズに即した医療提供体制構築と適切な運営を行う観点から、地域関係者の意見を反映する場をガバナンス構造に組み込むことを趣旨としています。そのため、地域医療連携推進評議会は「医療介護を受ける者、地域の医療関係者、有識者など」で構成され、「地域医療連携推進法人の業務評価」、「社員総会・理事会への意見」、「参加法人の重要な意思決定への意見」を行います（医療法70の3①十六）。

④　外部監督・外部監査

都道府県知事等により地域医療連携推進法人の認定・監督が行われます。また、すべての地域医療連携推進法人が公認会計士又は監査法人の外部監査の対象となります（医療法70の14、51⑤）。

⑤　参加法人・個人

　地域医療連携推進法人の社員（参加法人・個人）は主に医療連携推進区域内で「病院・介護施設・その他の地域包括ケアシステムに係る施設等を管理する法人・個人」や「大学・その他医療従事者を養成する機関を開設する者」等となります（医療法 70 の 3 ①七）。

　なお、参加法人のうち病院等を開設する参加法人が 2 つ以上必要となります。また、病院等を開設する参加法人の有する社員総会の議決権の合計は、介護事業等に係る施設又は事業所を開設し、又は管理する参加法人の有する社員総会の議決権の合計を超える必要があります（医療法 70 の 3 ①八、医療法施行規則 39 の 7）。

⑥　配当・清算

　地域医療連携推進法人において、剰余金の分配は禁止されています（医療法 70 の 14、54）。また、地域医療連携推進法人が清算された場合、残余財産は国等に寄贈されることになります（医療法 70 の 3 ①十九）。

（3）会計

①　基準等

　地域医療連携推進法人の会計については以下のとおり省令・通知が発布されており、当該省令・通知に準拠した会計処理・開示が必要になります。
・地域医療連携推進法人会計基準
　　（厚生労働省令第 19 号／平成 29 年 3 月 21 日）
・地域医療連携推進法人会計基準適用上の留意事項並びに財産目録、純資産変動計算書及び附属明細表の作成方法に関する運用指針
　　（最終改正 医政発 0329 第 36 号／平成 31 年 3 月 29 日）（以下、運用方針）

・地域医療連携推進法人制度について（Q&A）

（平成 29 年 4 月 20 日 事務連絡）（以下、Q&A）

・地域医療連携推進法人制度について

（最終改正 医政発 1225 第 17 号／令和 2 年 12 月 25 日）

・地域医療連携推進法人の事業報告書等の様式について

（最終改正 医政発 1225 第 17 号／令和 2 年 12 月 25 日）

② 会計処理等

地域医療連携推進法人では、医療法人と比して特有の処理、簡便的な処理が規定されています。

（ア）特有の処理

No	項　目	内　容
1	**基本財産の取扱いについて** **（運用指針 12 項）**	貸借対照表及び財産目録には、基本財産としての表示区分は設ける必要がありませんが、当該基本財産の前会計年度末残高、当該会計年度の増加額、当該会計年度の減少額及び当該会計年度末残高について注記を要します。
2	**積立金の区分について** **（運用指針 13 項）**	積立金は、以下(1)～(4)に区分します。 (1) 基金の拠出者への返還に伴い、返還額と同額を計上した代替基金 (2) 固定資産圧縮積立金、特別償却準備金のように法人税等の規定による積立金経理により計上するもの (3) 将来の特定目的の支出に備えるため、理事会の議決に基づき計上するもの^(※)。 (4) 繰越利益積立金（上記各積立金以外） （※）なお、(3)の積立金を計上する場合には、特定目的積立金とする金額について、当該特定目的を付した特定資産として、通常の資産とは明確に区別する必要があります。

（イ）簡便的な処理

No	項　目	内　容
1	減価償却の方法等について （運用指針5項）	租税特別措置による特別償却額のうち一時償却は、重要性が乏しい場合には、重要性の原則の適用により、正規の減価償却とすることができます。
2	リース取引の会計処理について （運用指針6項）	原則、ファイナンス・リース取引については、通常の売買取引に係る方法に準じて会計処理を行いますが、取得したリース物件の価額に重要性が乏しい場合には、賃貸借処理を行うことができます。
3	退職給付引当金について （運用指針8項）	原則、退職給付引当金は、退職給付に係る見積債務額から年金資産額等を控除したものを計上します（企業会計における実務上の取扱いと同様）。 　しかし、以下いずれかの場合は、退職一時金に係る債務について期末要支給額により算定することができます。 ● 退職給付の対象となる職員数が300人未満の場合 ● 年齢や勤務時間に偏りがあるなどにより数理計算結果に一定の高い水準の信頼性が得られない場合 ● 原則的な方法により算定した場合の額と期末要支給額との差異に重要性が乏しいと考えられる場合
4	税効果会計の適用について （適用指針9項）	原則、税効果会計は適用されます。そして、繰延税金資産及び繰延税金負債に重要性がある場合には、主な発生原因別内訳の注記が必要になります。 　しかし、一時差異等の金額に重要性がない場合には、繰延税金資産又は繰延税金負債を計上しないことができます。
5	経過勘定項目について （適用指針10項）	原則、前払費用、未収収益、未払費用及び前受収益の経過勘定は計上が必要です。 　しかし、重要性の乏しい経過勘定については、経過勘定項目として処理しないことができます。

3. 類似法人（地域医療連携推進法人）

6	会計上の変更及び誤謬の訂正に関する会計基準の適用について （Q&A 別添 2Q7）	会計上の変更及び誤謬の訂正に関する会計基準は適用しません。しかし、地域医療連携推進法人会計基を適用する以前より適用している場合は継続適用を妨げません。 　ただし、適用しないことにより貸借対照表等の利用者が誤解を招く恐れがある場合には、適用の必要性について監査人と十分協議することが必要となります。
7	資産除去債務に関する会計基準の適用について （Q&A 別添 2Q8）	資産除去債務に関する会計基準は適用しません。しかし、地域医療連携推進法人会計基を適用する以前より適用している場合は継続適用を妨げません。 　ただし、適用しないことにより貸借対照表等の利用者が誤解を招く恐れがある場合には、適用の必要性について監査人と十分協議することが必要となります。

③　開示等

　地域医療連携推進法人では決算時に「事業報告書」、「貸借対照表・損益計算書・重要な会計方針及びその他の注記・財産目録」、「純資産変動計算書」、「附属明細書」などの提出書類の作成が求められます。上記のうち、「貸借対照表・損益計算書・重要な会計方針及びその他の注記・財産目録」は公認会計士又は監査法人の監査対象となります。

No	開示書類	留意事項
1	貸借対照表 （運用指針　様式第一号）	
2	損益計算書 （運用指針　様式第二号）	

3	重要な会計方針等の記載及び貸借対照表等に関する注記 （運用指針 様式第二号） 【内訳】 (1)　継続事業の前提に関する注記 (2)　資産の評価基準及び評価方法 (3)　固定資産の減価償却の方法 (4)　引当金の計上基準 (5)　消費税及び地方消費税の会計処理の方法 (6)　その他貸借対照表等作成のための基本となる重要な事項 (7)　重要な会計方針を変更した旨等 (8)　担保に供されている資産に関する事項 (9)　地域医療連携推進法人会計基準17条第3号に基づく医療連携推進目的取得財産残額 (10)　関連事業者との取引の内容 (11)　重要な偶発債務に関する事項 (12)　重要な後発事象に関する事項 (13)　参加法人ごとの取引の内容 (14)　その他地域医療連携推進法人の財政状態及び損益の状況を明らかにするために必要な事項	重要な会計方針及びその他の注記で留意すべきは以下になります。 (10)　「関連事業者との取引の内容」は参加法人との取引についても記載対象となります。 （運用指針20項） (13)　「参加法人ごとの取引の内容」は当該地域医療連携推進法人が参加法人と行う取引の内容を注記します。経常収益、経常費用、特別利益、特別損失、金銭債権及び金銭債務の額を参加法人ごとに注記する必要があります。 （運用指針21項） (14)　「その他地域医療連携推進法人の財政状態及び損益の状況を明らかにするために必要な事項」は例えば以下の記載が想定されます。 ●　固定資産の償却年数又は残存価額の変更に重要性がある場合の影響額 ●　固定資産について減価償却累計額を直接控除した残額のみを記載した場合には、当該資産の取得価額、減価償却累計額及び期末残高 ●　原則法を適用した場合の退職給付引当金の計算の前提とした退職給付債務等の内容 ●　繰延税金資産及び繰延税金負債に重要性がある場合の主な発生原因別内訳 ●　補助金等に重要性がある場合の内訳、交付者及び貸借対照表等への影響額 （運用指針22項）

4	財産目録 (運用指針　様式第四号)	財産目録で留意すべきは以下となります。 ● 財産目録は、当該会計年度末現在におけるすべての資産及び負債につき、価額及び必要な情報を表示する必要があります。 ● 財産目録の価額は、貸借対照表記載の価額と同一とする必要があります。 ● 財産目録の医療連携推進目的取得財産残額の額は、純資産増減計算内訳表の医療連携推進業務会計の期末純資産残高と同額を記載する必要があります。 (運用指針 24)
5	純資産変動計算書 (運用指針　様式第三号)	
6	附属明細表 【内訳】 (1)　有形固定資産等明細表 　　(運用指針　様式第五号) (2)　引当金明細表 　　(運用指針　様式第六号) (3)　純資産増減計算内訳表 　　(運用指針　様式第七号)	附属明細表で留意すべきは以下になります。 (3)　純資産増減計算内訳表については、『医療連携推進業務会計』、『その他業務会計』、『法人会計』の3会計区分ごとに純資産増減の内訳を記載する必要があります。 (運用指針 26)
7	事業報告書 (地域医療連携推進法人の事業報告書等の様式について((平成 31 年 3 月 29 日 医政支発 0329 第 2 号))	事業報告書には以下の情報が含まれます。 ● 参加法人の概況 ● 参加病院・介護施設等の概況 ● 地域医療連携推進評議会による業務の評価結果及び対応策 ● 関係事業者との取引状況 　(法人・個人) ● 支援の状況 　(資金貸付・債務保証・基金を引き受ける者の募集) ● 出資の状況

（4）税務

①　法人税法上の位置づけ

　地域医療連携推進法人とは、医療法第70条に基づき、その医療連携推進区域の属する都道府県知事により医療連携推進認定を受けた一般社団法人です。法人税法上、収益事業以外の事業から生じた所得については法人税が課税されない公益法人等とは、法人税法別表第二に掲げられている法人が該当します。医療法に基づく法人では、第42条の2に規定される社会医療法人は別表第二に掲げられており公益法人等に該当しますが、地域医療連携推進法人はそれ自体が別表第二に掲げられているわけではありません。

　したがって、地域医療連携推進法人の法人税法上の取扱いは、単に一般社団法人としての取扱いとなり次のとおりとなります。

「非営利型法人」の要件（※）	法人の類型	課税の範囲
満たすもの	公益法人等	収益事業のみ
満たさないもの	普通法人	すべての所得

（※）法人税法2九の二、法人税法施行令3①②

　また、一般社団法人であることに変わりはないので、公益認定法の認定を受けることにより公益社団法人となることも可能であると考えられます。そうすればいわゆる公益認定法第2条第4号に規定される公益目的事業についてはたとえ収益事業に該当する場合でも法人税は課税されないこととなります（法人税法施行令5②一）。

3.　類似法人（地域医療連携推進法人）

167

法人税法上はあくまでも一般社団法人としての取扱いが適用されるのみであり、医療連携推進認定を受けたことのみでは特に税制優遇の措置はないということに留意が必要です。

② 消費税法上の位置づけ

消費税法別表第三に掲げられている法人は、補助金及び交付金等の消費税が課されない特定収入がある場合には仕入税額控除の計算において一定の調整計算をしなければならないこととされています（消費税法 60 ④）。地域医療連携推進法人は一般社団法人として消費税法別表第三に掲げられていることになりますので、この規定の適用を受けることになります。

(5) 検討すべきポイント

ここまで、地域医療連携推進法人の概要から法務・会計・税務について紹介しましたが、本項では地域医療連携推進法人の現状の課題を踏まえて、地域医療連携推進法人に参加するにあたっての検討ポイントを解説します。

「地域医療連携推進法人制度について」（最終改正 医政発 1225 第 17 号 令和 2 年 12 月 25 日）及び厚生労働省医政局医療経営支援課にて平成 31 年 1 月 25 日に公表されたアンケート調査等により見えてきた地域医療連携推進法人制度の主たる課題は、**図表 6-11** のとおりです。

地域医療連携推進法人制度の課題	根拠法令・根拠資料
● 地域医療連携推進法人への各参加法人が事業計画や予算変更、合併又は分割、重要な資産処分を行う際には、他の参加法人の意見を求めることが義務づけられているため、参加法人の機動的な意思決定を阻害していること	● 医療法 70 条の 3 第 1 項第 17 号 ● 地域医療連携推進法人制度について（Q&A）（別添 1）QA14 ● 地域医療連携推進法人への参加法人からのアンケート調査結果　「連携法人に参加して良くなかった点・期待を下回った点（主な意見）」（4）その他
● すべての地域医療連携法人が外部監査を受けなければならず、連携推進法人にとってコストや事務の負担となっていること	● 地域医療連携推進法人制度について（Q&A）（別添 2）QA3
● 制度上、連携推進法人が直営で施設を経営したり、子会社へ投資したりすることが可能だが、そもそも地域医療連携推進法人の収入規模が小さいため、投資活動を行うほどの資金調達が非常に困難であること	● 地域医療連携推進法人への参加法人からのアンケート調査結果　「連携法人に参加して良くなかった点・期待を下回った点（主な意見）」（4）その他
● 地域医療連携推進法人が業務を行う医療連携推進区域は、地域医療構想区域と整合的になるように定めることが原則である。2 以上の構想区域にわたる医療連携推進区域を定める場合には、その理由と必要について十分な精査が要求されており、実質的に連携範囲が制限されていること	● 地域医療連携推進法人制度の概要

3. 類似法人（地域医療連携推進法人）

　上記 4 点の課題は、現行の地域医療連携推進法人制度下では解決困難であり、法令や基準等それ自体の改正が必要な課題です。例えば、2 つ目の「すべての地域医療連携推進法人が外部監査を受けなければならず、連携推進法人にとってコストや事務の負担となっていること」という課題は、厚生労働省医政局医療経営支援課の発出する事務連絡（（地域医療連携推進法人制度について（Q&A）（別添 2））において、「地域医療連携推進法人は、その財政規模にかかわらず、すべて外部監査の導入が義務付けられる。」

と明示されているため、既存の制度が改定されない限り、地域医療連携推進法人は監査を受ける必要があり、結果として監査対応により参加法人の事務負担は増加します。

　したがって、参加法人は上記課題といかに向き合いつつ、地域医療連携推進法人に参加することより得られるメリットを最大限享受することができるかが重要になります。例えば、外部監査の義務化によるコスト及び事務負担の増加という課題があります。こういった課題については、参加法人の間接業務を連携推進法人に集約し、連携推進法人に本部機能を持たせることで、連携推進法人の監査負担の増加を参加法人の間接業務負担の軽減で相殺するとともに、本部機能の新設によって参加法人の管理機能の強化も達成できると考えられます。

　2021 年 7 月時点で、日本では 28 の地域医療連携推進法人が認定を受けていますが、これらの法人においては、参加法人間の病床融通、人事交流、医療機器の効率的配置・共同利用、給食業務等のセンター化等の経営資源の効率的活用を行うことで、収益の増加、費用の削減、患者満足度及び職員満足度の向上に寄与している事例が多くあり、課題を上回るメリットを見込み、地域医療連携推進法人化に踏み切ったと思われます。

　厚生労働省医政局医療経営支援課「地域医療連携推進法人への参加法人からのアンケート調査結果」よりメリットを取りまとめたものが**図表 6-6**になります。こちらをみると、参加法人間の人材の融通、医療機器の共同利用、医薬品等の共同購入、ノウハウの共有等によって、スケールメリットを活かし、様々なメリットを享受していることがわかります。そのためには各法人の地域医療連携推進法人化の目的を事前に共有し、その障害となる課題を認識し、克服もしくは最小限とするための計画、体制等を事前に整備することが重要となります。

【図表 6-9　地域医療連携推進法人参加のメリットまとめ（再掲）】

地域医療連携推進法人参加のメリットまとめ

（医療提供体制の充実、施設間の機能分化）
- 地域医療構想調整会議等の議論が容易になったこと

（連携強化）
- 連携推進法人参加施設同士の意見交換など、一施設では得ることのできなかった情報を得ることができること
- 職種の異なる他の法人の参加により、地域全体をカバーできること
- 単科病院だけでは解決困難な問題についても対策が進めることができること
- 医療安全や院内感染症対策など他施設の蓄積されたノウハウの共有・指導を受けられること

（人材確保・人材派遣・人事交流）
- 連携法人での交渉により地域全体としての医師・看護師の確保ができ、医師・看護師の確保及び連携法人内での派遣体制がスムーズにできること

（経営上のメリット）
- 医薬品共同購入により、スケールメリットによる経費の削減及び業務の効率化が図れること
- 単独よりも大型医療機器の購入や保守契約の価格交渉で優位となれること

（その他）
- 地域を支えるステークホルダーの考え方がわかること
- 知名度が上昇すること
- 連携推進法人であっても、運営面での縛りはそれほど感じないこと
- 統合再編における役割について、関係者の理解が進んでおり、医師をはじめとしたスタッフについて優秀な人材の確保ができているほか、職員の新病院に対するのモチベーションが向上すること

出所：厚生労働省医政局医療経営支援課「地域医療連携推進法人への参加法人からのアンケート調査結果」（平成31年1月25日地域医療連携推進法人連絡会議参考資料②）より筆者にて作成

3. 類似法人（地域医療連携推進法人）

〈参考文献〉

- 「社会福祉法人及び医療法人の経営の大規模化・協働化等の推進について」(未来投資会議 産官協議会「次世代ヘルスケア」会合(第 3 回))(2019 年 3 月)資料 1

- 厚生労働省「社会福祉法人の事業展開等に関する検討会ヒアリング資料」(社会福祉法人の事業展開等に関する検討会(第 2 回))(2019 年 5 月 15 日)資料 1-1、1-2

- 厚生労働省「社会福祉法人を中核とする非営利連携法人制度について」(社会福祉法人の事業展開等に関する検討会(第 4 回))(2019 年 10 月 29 日)

- 厚生労働省 社会支援局福祉基盤課「社会福祉連携推進法人の施行に向けた検討について」(社会福祉連携推進法人の運営の在り方等に関する検討会(第 1 回))(2020 年 11 月 9 日)資料 2

- 厚生労働省 社会福祉連携推進法人の運営の在り方等に関する検討会、『「社会福祉連携推進法人の運営の在り方等に関する検討会 とりまとめ」(2021 年 5 月 14 日)』

- 厚生労働省 社会福祉連携推進法人の運営の在り方等に関する検討会(第 2 回)『「社会福祉保連携推進法人の施行に向けた検討について」(2020 年 12 月 10 日)』資料 1 山田構成員抜粋資料「社会福祉法人によるグループ活動について」

第Ⅵ章 社会福祉連携推進法人

第VII章

社会福祉法人の
組織再編等の
例示解説

最後に、組織再編等について想定されるスキームごとの例示を用いて解説を行いたいと思います。本章の例示は全て架空のものですが、組織再編等を実施する際に実務的に陥りやすい罠を念頭に置いています。様々な事業を行う社会福祉法人における失敗例、その要因分析、対応策を見ていくことで、組織再編等を行うときに留意すべきことについて、より実感を伴って理解できると思います。

　なお、紹介する以下7つの例示のうち、6つが事業譲渡等となっています。

　合併は確かに法的規制や手続面で事業譲渡に比べ、複雑かつ煩雑な面があります。しかし、合併は社会福祉法人同士にしか認められておらず、社会福祉法人には持分の概念がないため、原則として対価が支払われることはありません。また合併では、被合併法人の権利義務の一切が包括的に引き継がれ、個々に移転手続を行う必要はありません。

　反面、事業譲渡では事業の価値に見合った対価の受け払いがあることも想定されることに加え、契約に基づいて個々に資産及び負債の移転手続を行う必要があります。ここに財産の法人外流出や権利及び義務の移転に関するリスクがはらむこととなり、陥りがちな罠を集めた下記例示は事業譲渡が多くを占める結果となっています。

　なお、これら例示は問題を単純化して設定しており、対策案についても一般的な見解となっています。実務的には複雑な状況が複合的に影響することも多く、実際の組織再編等の検討に際しては、所轄庁や各種専門家に照会することが重要と考えられます。

　それでは次節から見ていきましょう。

【社会福祉法人の組織再編等の例示】

No	スキーム	概要	想定の事業種別
1	事業譲渡等	所轄庁への事前相談を怠り、スケジュールが延期になったケース	全事業
2	事業譲渡等	職員への説明を怠り、大量退職を招いたケース	介護保険事業
3	合併	職員への説明を怠り、大量退職に加えて組織内の分断を招いたケース	保育事業
4	事業譲渡等	譲渡対象資産の査定が不十分であったため、実質的に多額の法人外流出を招いたケース	介護保険事業、障害福祉サービス事業
5	事業譲渡等	事業譲渡を受けた際、資産査定を怠った結果、多額の法人外流出を招いたケース	介護保険事業
6	事業譲渡等	特別の利益供与の禁止対象となる関係者が事業譲渡先の法人にいたケース	医療事業
7	事業譲渡等	特別の利益供与の禁止対象となる関係者から事業譲渡を受けたケース	介護保険事業

所轄庁への事前相談を怠り、スケジュールが延期になったケース

概要

　社会福祉法人 A は、利用者の減少によって経営難に陥り、一部の事業について、近隣の同種事業を運営する株式会社 B に譲渡する検討を始めました。当初は事業譲渡ではなく株式会社 B との合併を考えていましたが、社会福祉法人と株式会社との合併はできないことがわかり、事業譲渡へ方針転換を行いました。

　しかし、社会福祉法人 A は、スケジュール管理を怠ったばかりか、関係する社会福祉法人の所轄庁（以下「法人所轄庁」という）への相談を後回しにしていたため、事業譲渡のスケジュールが予定より大幅に延期される結果となりました。

【図表 7-1　例示解説イメージ】

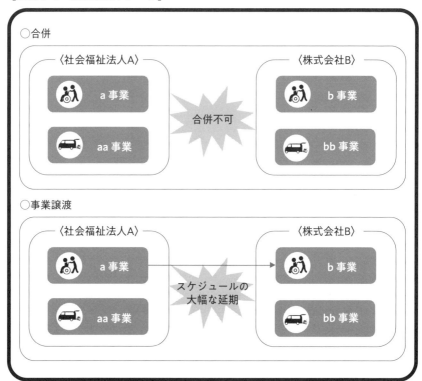

要因分析

　本例示は、事業譲渡を行う社会福祉法人 A が、事業譲渡までのスケジュール管理を怠ったことと法人所轄庁への事前相談を行わなかったことを原因として、大幅なスケジュールの延期を招いてしまったものとなります。そしてその背景には、全体の進め方に関する見通しが甘かったことが挙げられます。

　令和元年度厚生労働省社会福祉推進事業「社会福祉法人の事業拡大等に関する調査研究事業」におけるアンケート調査によると、事業譲渡等においてどのようなときに困難さや課題を感じたのか、という問いに対して、「重要な課題であった」、「課題であった」ものとして、「従業員の承継、雇

【図表 7-2　事業譲渡等における困難さや課題】

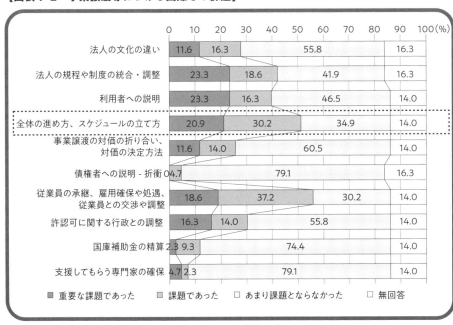

出所：厚生労働省「合併・事業譲渡等マニュアル」（12 頁）を抜粋

用確保や処遇、従業員との交渉や調整」に次いで「全体の進め方、スケジュールの立て方」が挙がっており、時間をかけて計画的に行うことの重要性が見てとれます。

対策例

それでは、こういった事態を避けるためには、どうすべきであったのでしょうか。以下、（ア）〜（ウ）の対策を適時に実施すべきであったことが挙げられます。

（ア）事前譲渡までの計画的なスケジュールの策定

全体的なスケジュールを把握し、事業譲渡までの**タイムスケジュールを計画的に策定**する必要があります。先のアンケート調査結果にもあります

が、事業譲渡等においては、「全体の進め方、スケジュールの立て方」に困難さや課題を感じると挙げられています。仮に、自法人だけでは対応が難しい、もしくは想定以上の時間を費やす場合には、専門家の知見を借りることも重要でしょう。

（イ）譲渡事業が譲受法人で継続可能かどうかの事前確認

社会福祉事業は法人所轄庁による認可が必要な事業も多くあり、また社会福祉事業を実施できる法人格が制限されているものもあります。**譲渡事業が譲受法人で継続可能かどうか**、当該事業の許認可等を行う行政庁（以下、「事業所管行政庁」という）に必ず**事前確認**し、必要な協議を終えておく必要があります。譲渡事業が譲受法人で継続可能でない場合の事業譲渡は実施できません。

社会福祉事業は第一種・第二種社会福祉事業に区分され、このうち第一種社会福祉事業については、原則として行政及び社会福祉法人しか経営主体となれないため、特に留意する必要があります。

【図表 7-3　第 1 種社会福祉事業】

● 救護施設	● 児童自立支援施設
● 更生施設	● 養護老人ホーム
● その他の生計困難者を無料又は低額な料金で入所させて生活の扶助を行うことを目的とする施設	● 特別養護老人ホーム
● 生計困難者に対する助葬事業	● 軽費老人ホーム
● 乳児院	● 障害者支援施設
● 母子生活支援施設	● 婦人保護施設
● 児童養護施設	● 授産施設
● 障害児入所施設	● 生活福祉資金貸付事業
● 児童心理治療施設	

出所：厚生労働省「合併・事業譲渡等マニュアル」（130〜131 頁）を抜粋

（ウ）行政への相談（各種手続）

　事業譲渡等は、基本財産の移動を伴うこともあり、法人所轄庁の承認や国庫補助事業により取得した財産の処分にかかる承認、さらには、独立行政法人福祉医療機構または民間金融機関の借入債務にかかる各種手続（抵当権の設定等）など、手続面で対応する必要があるものも多いと考えられます。このため、法人所轄庁等への事前の相談・協議を並行して進めていくことが重要です。

　また、事業譲渡等は、譲渡元である法人における施設の廃止手続と、譲渡先における施設の認可・指定等の手続をスムーズに実施することが求められます。このため、**法人所轄庁への事前相談等と同時に、事業所管行政庁にも事前相談を進めておく**ことが必要となります。

例示2 （事業譲渡等）

職員への説明を怠り、大量退職を招いたケース

概要

　社会福祉法人 C は介護保険事業を運営していますが、人員不足によって経営難に陥り、近隣の同種事業を運営する株式会社 D に職員を含む一部の事業を引き取ってくれるよう相談をしました。以前から付き合いがあったこともあり、株式会社 D は快く承諾し、話はとんとん拍子で進みました。

　しかし、事業譲渡に関する手続で忙殺され、事業譲渡を行う事業に従事していた職員に対して事前説明を十分に行うことができないまま、事業譲渡が実行されてしまいました。その結果、事業譲渡後、当該事業の職員の中で不安と不満が相次ぎ、株式会社 D において、譲渡した事業に従事していた職員の大量退職が発生する結果となりました。

....

【図表7-4　例示解説イメージ】

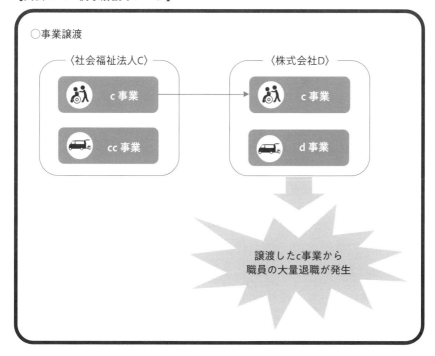

○事業譲渡

〈社会福祉法人C〉

c 事業

cc 事業

〈株式会社D〉

c 事業

d 事業

譲渡したc事業から
職員の大量退職が発生

要因分析

　本例示は、譲渡譲渡を行う社会福祉法人Ｃが職員への説明を十分にできなかったため、職員の不安や不満が募り、譲渡後の大量退職を招いてしまったものとなります。そしてその背景には、全体の進め方やスケジュールに立て方に関する当初の見通しが甘かったということが挙げられます。

　令和元年度厚生労働省社会福祉推進事業「社会福祉法人の事業拡大等に関する調査研究事業」におけるアンケート調査によると、事業譲渡等においてどのようなときに困難さや課題を感じたのか、という問いに対して、先に紹介した通り、最も「重要な課題であった」、「課題であった」ものとして「従業員の承継、雇用確保や処遇、従業員との交渉や調整」、次いで「全体の進め方、スケジュールの立て方」が挙がっており、時間をかけて

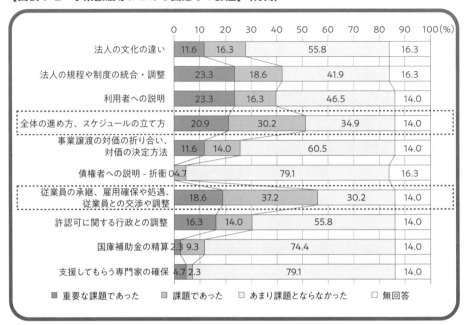

【図表 7-2　事業譲渡等における困難さや課題】（再掲）

	重要な課題であった	課題であった	あまり課題とならなかった	無回答
法人の文化の違い	11.6	16.3	55.8	16.3
法人の規程や制度の統合・調整	23.3	18.6	41.9	16.3
利用者への説明	23.3	16.3	46.5	14.0
全体の進め方、スケジュールの立て方	20.9	30.2	34.9	14.0
事業譲渡の対価の折り合い、対価の決定方法	11.6	14.0	60.5	14.0
債権者への説明・折衝	0	4.7	79.1	16.3
従業員の承継、雇用確保や処遇、従業員との交渉や調整	18.6	37.2	30.2	14.0
許認可に関する行政との調整	16.3	14.0	55.8	14.0
国庫補助金の精算	2.3	9.3	74.4	14.0
支援してもらう専門家の確保	4.7	2.3	79.1	14.0

出所：厚生労働省「合併・事業譲渡等マニュアル」（12 頁）を抜粋

計画的に行う必要性が見てとれます。

　加えて、本例示の事業譲渡の対象となった介護保険事業は、人件費をサービス活動収益計で除して算定する「人件費比率」や人件費と業務委託費の合計をサービス活動収益計で除して算定する「人件費・委託費比率」が高く、収益の半分以上をヒトもしくはヒトが行う業務に投資する必要のある労働集約型産業に位置付けられます。

　こういった組織の場合、職員が最も重要な財産となり、事業譲渡の成否を決めるものとなります。そのため、職員の継続的な定着を図るべく職員の不安解消のための十分な対策が特に重要であったと考えられます。

【図表 7-5　介護保険事業における人件費比率、人件費・委託費比率】

平成28年度から平成30年度の推移

		人件費比率（%）			人件費・委託費比率（%）		
		平成28年度	平成29年度	平成30年度	平成28年度	平成29年度	平成30年度
介護保険事業	平均値	65.70%	65.87%	66.07%	70.75%	70.98%	71.25%
	中央値	66.25%	66.43%	66.51%	71.33%	71.66%	71.89%

介護保険事業における直近年度の
人件費比率（平均値）

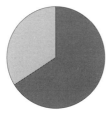

■人件費比率　□その他の費用比率

介護保険事業における直近年度の
人件費・委託費比率（平均値）

■人件費・委託費比率　□その他の費用比率

出所：PwC コンサルティング合同会社「社会福祉法人の経営指導強化等に関する調査研究
　　　事業報告書」参考資料②時系列分析①層別分析結果（サービス区分別分析結果）（厚
　　　生労働省　令和 2 年度　生活困窮者就労準備支援事業費等補助金　社会福祉推進事業）
　　　をもとに作成

対策例

　それでは、こういった事態を避けるためには、どうすべきであったので
しょうか。

　まず例示1の通り、全体的なスケジュールを把握した上で計画的に必要
な手続を進める必要があったといえます。この際、自法人だけでは対応が
難しい、もしくは想定以上の時間がかかることが想定される場合には専門
家の知見を借りることも重要でしょう。

　次に職員の引継ぎに関する点については、以下の事項を丁寧かつ慎重に
行うべきであったと言えます。

【図表 7-6　事業譲渡等における人事・労務関連の実施事項】

No	項目	説明
1	職員の引継ぎ（譲渡側、譲受側）	譲受法人は転籍対象職員の雇用条件などを検討し、譲渡法人と基本合意を行います（既存の労働条件を維持したまま移籍するのが原則）。
2	雇用条件の検討（譲受側）	
3	職員説明会の実施（譲渡側）	法人間の基本合意を受け、転籍対象職員向けに説明会を実施し、転籍の承諾を得るようにします。
4	雇用契約の締結（譲受側）	転籍に承諾した職員と雇用契約を締結します。

出所：厚生労働省「合併・事業譲渡等マニュアル」（172 頁）を抜粋

　事業譲渡の場合、合併と異なり、職員も当然に譲受法人（本例示の場合、株式会社 D）に引き継がれるわけではないため、**譲受法人へ転籍することについて職員からの承諾**が必要になります。

　事業譲渡の場合、既存の労働条件を維持したまま転籍させるのが原則ですが、労働条件を変更する場合には、職員に対して転籍承諾とは別に**労働条件変更の同意**を得る必要もあります。これは職員の定着という観点以前に、労働法の遵守の観点からも必要となるものです。

　そして転籍対象職員に対して、それら**転籍後の処遇について丁寧に説明する**必要があります。対象職員が転籍に承諾しない場合、譲受法人は当該職員を引き継ぐことができず、事業譲渡そのものの成否に大きな影響を与える可能性があります。そのため、当該職員の不安や不満を払拭するよう意識調査を行う、相談会を設けるなどして丁寧かつ慎重に対応することが必要となります。

例示 3 （合併）

職員への説明を怠り、大量退職に加えて組織内の分断を招いたケース

概要

　社会福祉法人 E は保育事業を運営していますが、人員不足によって保育事業の継続が困難になったため、近隣の同種事業を運営する社会福祉法人 F に、社会福祉法人 E を消滅法人とする合併の申入れを行いました。同じく人員不足に苦しんでいた社会福祉法人 F は、悩んだ末、合併の申し出を受入れることにしました。

　しかし、合併に関する手続で忙殺され、職員に対して事前説明を十分に行うことができないまま、合併が実行されてしまいました。その結果、職員の中で不安と不満が相次ぐとともに、保育事業に関する方針や仕事の進め方の相違から職員同士の対立が生じ、合併後の法人において、職員の大量退職が発生するとともに、組織内の分断を招く結果となりました。

【図表7-7　例示解説イメージ】

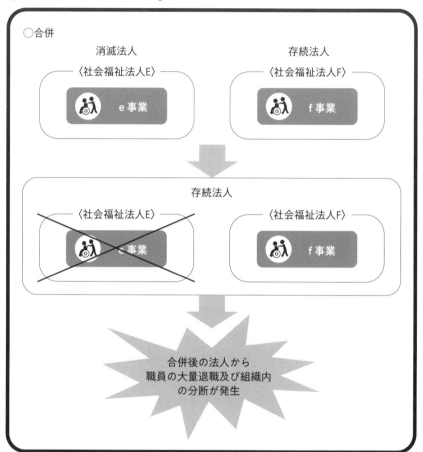

要因分析

　本例示は、合併を行う社会福祉法人Eと社会福祉法人Fの職員への説明を十分にできなかったため、職員の不安や不満が募るとともに、保育事業に関する方針や仕事の進め方の相違から職員同士の対立が生じ、合併後の法人において、職員の大量退職が発生し、さらには組織内の分断を招いてしまったものとなります。

　その背景には、職員に対する十分な説明と理解が不足していたことが挙

第Ⅶ章　社会福祉法人の組織再編等の例示解説

げられます。合併後の法人における労働条件は当然のことながら、保育事業の方針や仕事の進め方等について十分な協議を行い、合併前に両法人の相互理解を促進することが必要でした。

令和元年度厚生労働省社会福祉推進事業「社会福祉法人の事業拡大等に関する調査研究事業」におけるアンケート調査によると、合併においてどのようなときに困難さや課題を感じたのか、という問いに対して、「重要な課題であった」、「課題であった」ものとして、「法人の規程や制度の統合・調整」が最も多く、次に「全体の進め方、スケジュールの立て方」、「従業員の承継、雇用確保や処遇、従業員との交渉や調整」、「許認可に関する行政との調整」等が挙がっています。これは、法人の規程や制度の統合・調整を行いつつ、行政と調整し、それらに対して職員の理解を得るには十分な説明と時間をかける必要があり、かかる事象を踏まえたスケジュール管理を行うことの重要性が示されていると言えるでしょう。

【図表 7-8　合併における困難さや課題】

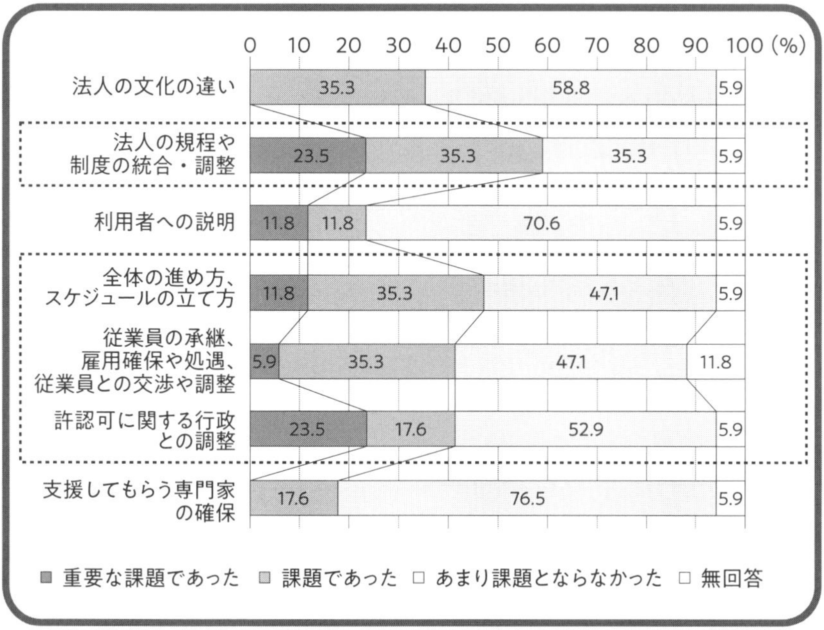

出所：厚生労働省「合併・事業譲渡等マニュアル」（11 頁）を抜粋

例示 3（合併）　職員への説明を怠り、大量退職に加えて組織内の分断を招いたケース

189

加えて、本例示の合併の対象となった保育事業は、人件費をサービス活動収益計で除して算定する「人件費比率」や人件費と業務委託費の合計をサービス活動収益計で除して算定する「人件費・委託費比率」が高く、収益の半分以上をヒトもしくはヒトが行う業務に投資する必要のある労働集約型産業に位置付けられます。

こういった組織の場合、職員が最も重要な財産となり、合併の成否を決めるものとなります。そのため、職員の継続的な定着を図るべく職員の不安解消のための十分な対策が必要であったと考えられます。

【図表7-9　保育事業における人件費比率、人件費・委託費比率】

○保育事業における、人件費費比率及び人件費・委託費比率の平成28年度から平成30年度の推移

		人件費比率（%）			人件費・委託費比率（%）		
		平成28年度	平成29年度	平成30年度	平成28年度	平成29年度	平成30年度
保育事業	平均値	71.55%	72.78%	73.66%	73.61%	74.91%	75.87%
	中央値	73.04%	74.45%	75.71%	74.78%	76.18%	77.53%

保育事業における直近年度の
人件費比率（平均値）

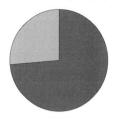

■人件費比率　■その他の費用比率

保育事業における直近年度の
人件費・委託費比率（平均値）

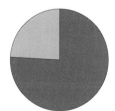

■人件費・委託費比率　■その他の費用比率

出所：PwC コンサルティング合同会社「社会福祉法人の経営指導強化等に関する調査研究事業報告書」参考資料②時系列分析①層別分析結果（サービス区分別分析結果）（厚生労働省 令和2年度 生活困窮者就労準備支援事業費等補助金 社会福祉推進事業）をもとに作成

それでは、こういった事態を避けるためには、どうすべきであったのでしょうか。

まず**合併後の給与、就業時間や休暇など職員の処遇について**、合併前に、**全職員に対して説明**を行う必要があったといえます。職員向け説明会を複数回開催したり、相談会を設けたりするなど、**状況に応じてきめ細やかに対応**を行うことが望まれます。

労働条件が大きく変更になる場合や、職員にとって不利益となる変更を伴う場合では、内容や代替措置を含めて書面で説明し、職員の同意をとっておく必要があります。職員の処遇の検討及び説明における実施事項は以下の通りです。

【図表 7-10　職員の処遇の検討及び説明における実施事項】

No	項目	説明
1	給与体系、就業時間や休暇規程などの検討	合併後の給与体系、勤務時間や休暇規程などについて検討し、給与規程や就業規則などの変更を行います。
2	合併後の職員の役職や配置の検討	合併後の各職員の役職や配置などを検討します。
3	職員への説明	合併前に、全職員に対して合併後の処遇について説明を行い、理解を得ます。
4	就業規則の労働基準監督署への提出	就業規則について管轄の労働基準監督署に届出を行います。

出所：厚生労働省「合併・事業譲渡等マニュアル」（120 頁）を抜粋

また、法人ごとに保育事業の方針、組織文化、組織風土、仕事の進め方等が異なるのは当然ですので、合併前に合併後の法人に係る上記事項について、**丁寧かつ時間をかけて職員に共有し、理解を得る**必要もありました。もちろん合併前に丁寧かつ時間をかけて共有した場合でも、必ずしも合併後の法人運営が順調に進むとは限りません。そのため、**課題が見つかった場合の対応方法についても事前に決めておく**と良いでしょう。

例示4　（事業譲渡等）

譲渡対象資産の査定が不十分であったため、実質的に多額の法人外流出を招いたケース

第Ⅶ章　社会福祉法人の組織再編等の例示解説

概要

　社会福祉法人 G は介護保険事業及び障害福祉サービス事業の 2 つの事業を運営しています。近年、建て替えを行った施設の固定資産の減価償却費の負担や施設内で発生した感染症対策に伴う人件費負担の増加によって障害福祉事業の経営が著しく悪化したため、近隣の同種事業を運営する社会福祉法人 H に職員も含めた一部の障害福祉サービス事業を引き取ってくれるよう相談しました。以前から理事長間の付き合いがあったこともあり、社会福祉法人 H は快く承諾し、事業譲渡の話はとんとん拍子で進みました。

　しかし、社会福祉法人 G の理事長は事業譲渡にあたって譲渡価額をいくらにすればよいのかわかっていませんでした。そこで、譲渡先の社会福祉法人 H に既存の職員の受け入れや、中古の固定資産を快く引き受けてもらった恩義があったことから、専門家に譲渡対象資産の査定評価依頼をすることなく、譲渡資産の時価を大きく下回る帳簿価額の 80％の金額で譲渡契約を締結しました。その結果、事業譲渡によって財産の法人外流出が発生しただけでなく、譲渡対象資産の中には、一部国庫補助金を財源として購入した固定資産も含まれていたことから、補助金の一部返還が求められ、経営難が加速する本末転倒な状況となってしまいました。

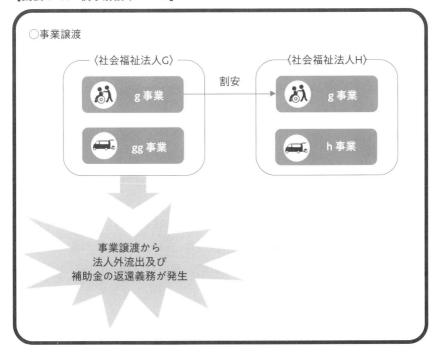

○事業譲渡

〈社会福祉法人G〉

g 事業

gg 事業

割安

〈社会福祉法人H〉

g 事業

h 事業

事業譲渡から
法人外流出及び
補助金の返還義務が発生

要因分析

　障害福祉サービス事業の事業譲渡を行う社会福祉法人 G において、財産の法人外流出及び予期せぬ補助金の返還義務が生じた要因は以下の2点が挙げられます。

　1つ目は、「専門家に譲渡対象資産の査定評価依頼をしなかったため」です。専門家に譲渡対象資産の査定評価依頼をしなかったことで、適正な譲渡資産の時価を把握することができず、恩義を理由に割安価額で譲渡しました。

　社会福祉法人では、社会福祉事業の剰余金は一定の条件のもと法人本部会計又は公益事業に充てることができますが、法人外への対価性のない支出は認められていません。恩義を理由に割安価額で譲渡することは、「対価性の支出」に他ならず、多額の法人外流出を招く結果となりました。

例示4（事業譲渡等）　譲渡対象資産の査定が不十分であったため、実質的に多額の法人外流出を招いたケース

2つ目は、「譲渡資産の中に国庫補助金を財源とした固定資産も含まれていることを事前に把握しておらず、補助金財源で取得した固定資産を譲渡した場合に補助金の返還義務が生じることを事前に考慮していなかったため」です。事業譲渡は単に事業を譲渡して終了ではありません。補助金の返還の他、優秀な人材の退職やノウハウの流出など様々な影響を加味して検討する必要があります。

対策例

　それでは、こういった事態を避けるためには、どうすべきであったのでしょうか。前項の②要因分析で取り上げた2つの要因ごとに取り上げます。

　1つ目の「専門家に譲渡対象資産の査定評価依頼をしなかったこと」については、通常、社会福祉法人で組織内に、資産査定の専門家を配置していることはないでしょう。**組織内に専門家がいない場合には、外部専門家の知見を借りることが重要**です。そして、本例の場合には、帳簿価額の80％の譲渡価格で実施していますが、重要な財産を譲渡することを前提とすれば、譲渡対価の妥当性について、事前に外部専門家の知見を借りる等して客観的に評価する必要がありました。

　2つ目の、「譲渡資産の中に国庫補助金を財源とした固定資産も含まれていることを事前に把握しておらず、補助金財源で取得した固定資産を譲渡した場合に補助金の返還義務が生じることを事前に考慮していなかったこと」については、**事業譲渡前に事業譲渡をすることによって発生する事後の影響**（補助金の返還義務の発生・優秀な人材の退職・ノウハウの流出など）**を網羅的に洗い出す**ことが重要です。特に本例示で取り上げた補助金の返還義務の発生については、多くの社会福祉法人において発生しうる論点です。

　社会福祉法人は、業界全体として平成30年度の国庫補助金特別積立金取崩額比率が平均35.00％と、多くの法人で国庫補助金財源の固定資産を多く保有しています。社会福祉法人Gの譲渡対象となっている障害福祉サービス等事業においても、同比率は平均39.95％と業界平均と同程度に高い水準であることから、この点に留意する必要があったことが考えられます。

		合理性（費用）		
		国庫補助金等特別積立金取崩額比率（%）		
		平成 28 年度	平成 29 年度	平成 30 年度
全体	法人数	16,360	16,729	17,082
	平均値	36.75%	36.07%	35.00%
	中央値	40.62%	40.14%	39.40%
介護保険事業	法人数	5,321	5,378	5,500
	平均値	37.33%	36.27%	35.01%
	中央値	36.70%	35.78%	34.45%
老人福祉事業	法人数	242	234	233
	平均値	50.65%	49.95%	48.05%
	中央値	54.25%	54.87%	51.84%
児童福祉事業	法人数	377	380	385
	平均値	47.95%	48.27%	46.06%
	中央値	50.75%	50.94%	50.01%
保育事業	法人数	7,325	7,652	7,844
	平均値	44.06%	44.26%	44.31%
	中央値	42.05%	42.46%	42.45%
就労支援事業	法人数	41	41	40
	平均値	30.03%	33.24%	32.54%
	中央値	45.15%	45.05%	34.28%
障害福祉サービス等事業	法人数	2,838	2,844	2,884
	平均値	43.14%	41.58%	39.95%
	中央値	43.04%	41.53%	39.79%
生活保護事業	法人数	56	51	53
	平均値	50.71%	49.96%	46.75%
	中央値	49.29%	49.06%	46.48%
医療事業	法人数	110	109	109
	平均値	15.47%	14.77%	13.72%
	中央値	20.43%	22.49%	20.08%
特定不可能	法人数	50	40	34
	平均値	59.26%	61.99%	58.79%
	中央値	31.46%	39.99%	37.60%

例示 4 （事業譲渡等）　譲渡対象資産の査定が不十分であったため、実質的に多額の法人外流出を招いたケース

出所：PwC コンサルティング合同会社「社会福祉法人の経営指導強化等に関する調査研究事業報告書」参考資料②時系列分析①層別分析結果（サービス区分別分析結果）（厚生労働省 令和 2 年度 生活困窮者就労準備支援事業費等補助金 社会福祉推進事業）をもとに作成

事業譲渡を受けた際、資産査定を怠った結果、多額の法人外流出を招いたケース

概要

　社会福祉法人Ｉは介護保険事業を運営しています。近年、介護保険事業を経営している株式会社Ｊより、多角化した経営のスリム化に伴い、介護保険事業を社会福祉法人Ｉへ事業譲渡したい旨の打診がありました。近年、施設や職員不足により新規利用者の受入を制限していた背景から、事業譲受を快く承諾し、事業譲渡の話はとんとん拍子で進みました。

　しかし、社会福祉法人Ｉの理事長は事業譲受にあたって譲受価額をいくらにしたらよいのかわかりませんでした。また、理事長をはじめとした管理職及び従業員は慢性的な職員不足から現場支援の業務に忙殺され、譲受価格の調査を実施する時間を確保することができず、価格決定の調査は譲渡会社である株式会社Ｊに一任されました。その後、株式会社Ｊより評価調査結果の資料を入手したものの、当該資料は独立第三者ではない者が実施した資料となっていました。借入金等の負債は金融機関からの証明書に基づいたものであり、社会福祉法人Ｉの担当者も何とか理解できましたが、不動産等の資産は、専門的かつ複雑な数式が並んでいるものであり、理解することはできませんでした。それでも時間的制約から当該評価調査過程の資料を信頼し、当該調査過程資料に記載されている譲受価額にて事業譲渡契約を締結し、その結果、資産の一部を時価よりも高値で譲り受ける結果となりました。

【図表 7-13　例示解説イメージ】

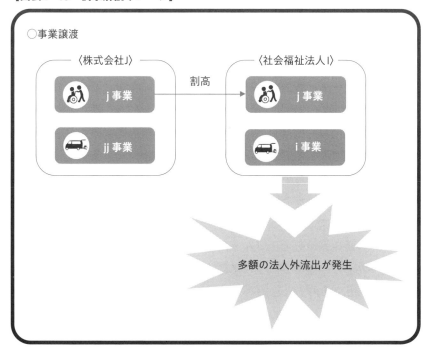

○事業譲渡

〈株式会社J〉　　　　　割高　　　　〈社会福祉法人I〉

ｊ事業　　　　→　　　　ｊ事業

ｊｊ事業　　　　　　　　ｉ事業

多額の法人外流出が発生

要因分析

　介護保険事業の事業譲受を行う社会福祉法人Iにて一般的な相場より高値で引き受けました。社会福祉法人では、法人外への対価性のない支出は認められておらず、割高価額での譲受けは「対価性のない支出」に該当し、多額の法人外流出が発生する結果となりました。当該多額の法人外流出を招いた要因はどこにあるのでしょうか。

　それは、前項の「例示4（事業譲渡等）譲渡対象資産の査定が不十分であったため、実質的に多額の法人外流出を招いたケース」と同様に「譲受資産・負債の査定評価を怠ったため」です。自法人で査定評価を行うことが難しい場合に、専門家に譲受対象資産・負債の査定評価依頼をしなかったことで、適正な譲受資産の市場価格を把握することができず、結果として割高な価額で譲受けを行い、多額の法人外流出を招く結果となりました。

対策例

　それでは、こういった事態を避けるためには、どうすべきであったので
しょうか。

　前項の「例示4（事業譲渡等）譲渡対象資産の査定が不十分であったた
め、実質的に多額の法人外流出が発生したケース」と同様、**組織内に資
産・負債の査定の専門家がいない場合には、外部専門家の知見を借りる**こ
とで多額の社外流出の回避が可能でした。事業譲渡・事業譲受は、ともに
消耗品1個を購入する取引とは異なり、対価の適正性を客観的に評価する
ためには一定の知見、客観性が必要となります。

　そのため、自法人で行うことが専門性、時間的制約によって難しい場合、
専門性、客観性等の必要な要件を備えた外部の専門家等を雇い、譲り受け
る資産、負債に対して支払う対価が妥当なものであるかどうか評価する必
要があったと考えられます。

例示6 （事業譲渡等）

特別の利益供与の禁止対象となる関係者が事業譲渡先の法人にいたケース

（概要）

　社会福祉法人Kの理事である甲氏は、医療法人Lの理事長も務めています。社会福祉法人Kは施設の建替のために手元資金の拡充が課題であり、このたび甲氏は社会福祉法人Kの理事長に対し内々に、同法人が行っている診療所（医療事業）を医療法人Lに売却（事業譲渡）し、得た資金を施設建替資金に充当する旨の提案をし、譲渡金額等の条件交渉を行うこととなりました。なお、当該事業は黒字で推移しているものの、社会福祉法人Kにとって中核の事業ではありませんでした。

　医療法人Lには資産査定等の経験者がいるとのことで、条件交渉は医療法人L主導で進み、提示された譲渡金額も施設建替資金への充当額として不足ない金額であったため、社会福祉法人Kの理事会に上程されました。

　しかし、監事から、本件事業譲渡は利益相反取引に該当する可能性があり、また、譲渡金額次第では財産の法人外流出かつ甲氏に対する特別の利益供与に該当する可能性があるとの指摘を受け、事業譲渡は白紙に戻し、事業譲渡の是非、譲渡先、譲渡金額も含め再検討を行うこととなりました。

....

例示6（事業譲渡等）　特別の利益供与の禁止対象となる関係者が事業譲渡先の法人にいたケース

【図表7-14 例示解説イメージ】

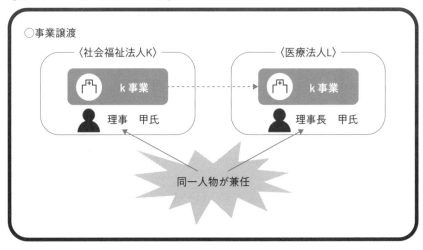

要因分析

　本例示は、社会福祉法人Kにおいて、利益相反取引の制限に関する認識が不足しており、また、特別の利益供与の禁止や財産の法人外流出の禁止等にも関連し、適正な事業価値の評価に基づき譲渡金額の決定を行うことが必要であることの認識が不足していたことにより生じたものと考えられます。

　上記の各論点におけるポイントは以下の通りです。

（ア）利益相反取引の制限

　社会福祉法人Kの理事である甲氏が、医療法人Lの理事長として株式会社Lのために社会福祉法人Kと事業譲渡取引を行おうとしているため、この場合は利益相反取引に該当します。このような取引を行う場合には、甲氏は理事会において重要な事実を開示し、その承認を受ける必要があります。

社会福祉法第46条の10第4項によって準用される一般社団法人及び一般財団法人に関する法律第84条（競業及び利益相反取引の制限）

第84条　理事は、次に掲げる場合には、理事会において、当該取引につき重要な事実を開示し、その承認を受けなければならない。

一　理事が自己又は第三者のために社会福祉法人の事業の部類に属する取引をしようとするとき

二　理事が自己又は第三者のために社会福祉法人と取引をしようとするとき

三　社会福祉法人が理事の債務を保証することその他理事以外の者との間において社会福祉法人と当該理事との利益が相反する取引をしようとするとき

（イ）特別の利益供与の禁止

　甲氏は社会福祉法人Kの理事であるため、特別の利益を与えてはならない社会福祉法人の関係者に該当します。本件の譲渡金額が適正な評価額と比べて著しく低額である場合、甲氏に対する特別の利益供与となるおそれがあります。

社会福祉法第27条（特別の利益供与の禁止）

第27条　社会福祉法人は、その事業を行うに当たり、その評議員、理事、監事、職員その他の政令で定める社会福祉法人の関係者に対し特別の利益を与えてはならない。

社会福祉法施行令第13条の2（特別の利益を与えてはならない社会福祉法人の関係者）

第13条の2　法第27条の政令で定める社会福祉法人の関係者は、次に掲げる者とする。

一　当該社会福祉法人の設立者、評議員、理事、監事又は職員

二　前号に掲げる者の配偶者又は三親等内の親族

三　前2号に掲げる者と婚姻の届出をしていないが事実上婚姻関係と同様の事情にある者

四　前2号に掲げる者のほか、第1号に掲げる者から受ける金銭その他の財産によって生計を維持する者

五　当該社会福祉法人の設立者が法人である場合にあっては、その法人が事業活動を支配する法人又はその法人の事業活動を支配する者として省令で定める者

（ウ）法人外流出の禁止

社会福祉法人において、社会福祉事業の剰余金は一定の条件のもと法人本部会計又は公益事業に充てることができますが、法人外への対価性のない支出は認められていません。

本件の譲渡金額が適正な評価額と比べて著しく低額である場合、財産の不当な法人外流出となり、場合によっては評議員、理事、監事等は損害賠償責任を負うおそれがあります。

社会福祉法第 38 条（社会福祉法人と評議員等との関係）
第 38 条　社会福祉法人と評議員、役員及び会計監査人との関係は、委任に関する規定に従う。

民法 644 条（受任者の注意義務）
第 644 条　受任者は、委任の本旨に従い、善良な管理者の注意をもって、委任事務を処理する義務を負う。

社会福祉法第 45 条の 20（役員等又は評議員の社会福祉法人に対する損害賠償責任）
第 45 条の 20　理事、監事若しくは会計監査人（以下この款において「役員等」という。）又は評議員は、その任務を怠ったときは、社会福祉法人に対し、これによって生じた損害を賠償する責任を負う。

2　理事が第 45 条の 16 第 4 項において準用する一般社団法人及び一般財団法人に関する法律第 84 条第 1 項の規定に違反して同項第 1 号の取引をしたときは、当該取引によって理事又は第三者が得た利益の額は、前項の損害の額と推定する。

3　第 45 条の 16 第 4 項において準用する一般社団法人及び一般財団法人に関する法律第 84 条第 1 項第 2 号又は第 3 号の取引によって社会福祉法人に損害が生じたときは、次に掲げる理事は、その任務を怠ったものと推定する。

一　第 45 条の 16 第 4 項において準用する一般社団法人及び一般財団に関する法律第 84 条第 1 項の理事

二　社会福祉法人が当該取引をすることを決定した理事

三　当該取引に関する理事会の承認の決議に賛成した理事

社会福祉法第 45 条の 21（役員等又は評議員の第三者に対する損害賠償責任）

第 45 条の 21　役員等又は評議員がその職務を行うについて悪意又は重大な過失があったときは、当該役員等又は評議員は、これによって第三者に生じた損害を賠償する責任を負う。

社会福祉法第 130 条の 2

第 130 条の 2　次に掲げる者が、自己若しくは第三者の利益を図り又は社会福祉法人に損害を加える目的で、その任務に背く行為をし、当該社会福祉法人に財産上の損害を加えたときは、7 年以下の懲役若しくは 500 万円以下の罰金に処し、又はこれを併科する。

一　評議員、理事又は監事

二　民事保全法第 56 条に規定する仮処分命令により選任された評議員、理事又は監事の職務を代行する者

三　（略）

2・3　（略）

対策例

　それでは、こういった事態を避けるためには、どうすべきであったのでしょうか。

　まず、社会福祉法人 K の理事長や甲氏等が**利益相反取引の制限に関する認識を持つ**ことができていれば、安易に内々に医療法人 L との間で事業譲渡の交渉を開始することは防げたものと考えられます。

　次に、理事長や甲氏等が**特別の利益供与の禁止、財産の法人外流出の禁止に関する認識を持つ**ことができていれば、法人が確保したい施設の建替資金と事業譲渡金額を切り離して考えることができ、当初から、事業価値の適正な評価を行い、当該評価額に基づいて譲渡金額の交渉を行うことができたものと考えられます。

　なお、本件において、甲氏が代表を務める医療法人 L に対して事業譲渡を行うこと自体が違法であるわけではなく、合理的な経営判断のもと、適正な承認手続を経て、適正な譲渡対価で事業譲渡を行うことには問題はないものと考えられます。事業譲渡という選択は合理的かどうか、譲渡先

として医療法人Ｌ以外の選択肢はないかどうか、価格交渉を行う前提として、事業価値を適切に評価しているか、決定した譲渡金額は事業価値と比較して妥当かどうか、といった点がポイントとなるため、これらの点について理事会等で協議を行い、議事録等にも残す必要があります。

第Ⅶ章　社会福祉法人の組織再編等の例示解説

特別の利益供与の禁止対象となる関係者から事業譲渡を受けたケース

概要

社会福祉法人 M は、複数の特別養護老人ホーム事業及び軽費老人ホーム事業を運営しています。この度、介護付き有料老人ホームへの事業拡大をすることとなり、その準備を検討していました。

一方で、通信教育事業、高齢者向け弁当宅配事業及び介護付き有料老人ホーム事業を運営していた株式会社 N は、事業の選択と集中を検討した結果、介護付き有料老人ホーム事業からの撤退を決定し、その事業譲渡先を探していました。

実は、社会福祉法人 M の評議員の一人である乙氏は、株式会社 N の取締役であり、介護付き有料老人ホーム事業の担当取締役でもありました。乙氏は先日の社会福祉法人 M の評議員会に出席した際に、社会福祉法人 M が今後介護付き有料老人ホーム事業に事業拡大するという情報を入手していたため、介護付き有料老人ホーム事業から撤退することを決めた株式会社 N から社会福祉法人 M に事業譲渡すればよいのではないか、と考えました。

そこで、乙氏は社会福祉法人 M の理事長丙氏に対し、株式会社 N の介護付き有料老人ホーム事業を社会福祉法人 M に事業譲渡したい、と打診しました。すると、丙氏は渡りに船とばかりにこの事業譲渡を快諾し、しかも実質的に乙氏と丙氏 2 人の話し合いだけで事業の譲渡価格も決まってしまいました。

有料老人ホーム事業の譲渡の話はスムースにまとまり、譲渡に係る諸手

続も全てが滞りなく完了しました。しかし、事業譲渡の手続が完了した後になってから、社会福祉法人 M の理事である丁氏が、乙氏と丙氏の間で取り決められた譲渡価格に疑問を抱き、丁氏は知り合いの公認会計士に譲渡価格の妥当性を調べる業務を委託しました。

　業務委託を受けた公認会計士は、株式会社 N から譲り受けた有料老人ホーム事業に供する土地や建物、及び入居者への債権（個人負担分の未収金）の資産査定を実施したところ、譲渡価格は資産査定額の 2 倍以上の金額となっていることが判明し、また、譲り受けた入居者個人負担分の未収金にはすでに退所されている利用者に対するものも含め、長期にわたって未回収のものが多く含まれていました。

....

【図表 7 -15　例示解説イメージ①】

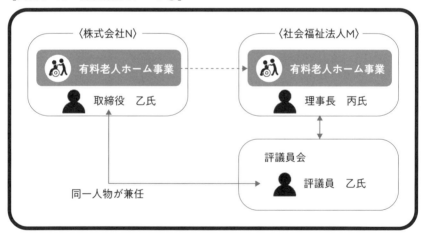

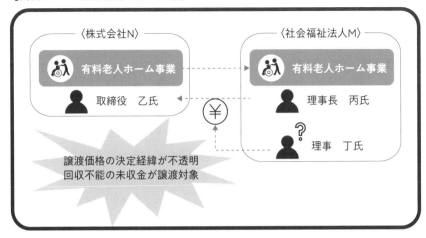

【図表 7-16　例示解説イメージ②】

〈株式会社N〉
有料老人ホーム事業
取締役　乙氏

〈社会福祉法人M〉
有料老人ホーム事業
理事長　丙氏
理事　丁氏

譲渡価格の決定経緯が不透明
回収不能の未収金が譲渡対象

要因分析

　本例示は、前述の「例示6（事業譲渡等）特別の利益供与の禁止対象と
なる関係者が事業譲渡先の法人にいたケース」と同様に、「特別の利益供
与の禁止に関する認識不足」、「財産の法人外流出の禁止に関する認識不
足」により生じたものと考えられます。

　特に、本例示では、譲渡価格が実質的に社会福祉法人Mの理事長丙氏
と株式会社Nの取締役（社会福祉法人Mの評議員）の乙氏の2人の話し合
いだけで決められており、また、譲渡対象となった未収金には、長期未回
収のものや回収不可能なものが多く含まれ、資産価値がないものが譲渡対
象となっていたと考えられます。

　つまり、社会福祉法人Mは、株式会社Nの有料老人ホーム事業をなぜ
その価格で譲り受けたのか、その評価の過程が明確でなく、適切な価格な
のかを判断できない状況でした。

　もし、社会福祉法人Mが株式会社Nに支払った譲渡対価が、不当に高
額なものだったのであれば、「財産の法人外流出の禁止」に抵触する可能
性があり、当該事業譲渡成功の対価として株式会社Nの取締役乙氏が成

功報酬を得ていたということになれば、「特別の利益供与の禁止」抵触する可能性もあると考えられます。

対策例

それでは、こういった事態を避けるためには、どうすべきであったのでしょうか。

前述の「例示6（事業譲渡等）特別の利益供与の禁止対象となる関係者が事業譲渡先の法人にいたケース」と同様に、**「利益相反取引の制限に関する認識」、及び「特別の利益供与の認識」**を持っていれば、株式会社Nの有料老人ホーム事業の事業価値の適正な評価が行われ、当該評価額に基づいて譲渡金額の交渉を行うことができたものと考えられます。

事業価値の適正な評価は、第Ⅴ章で説明した通り、デューデリジェンスと呼ばれ、譲渡対象となる資産や負債について評価する「財務デューデリジェンス」や、事業計画について評価する「事業デューデリジェンス」などが主なデューデリジェンスとなります。

これらのデューデリジェンスを外部の専門家、つまり、社会福祉法人Mや株式会社Nとは関係のない独立の評価者に実施してもらうことにより、誰もが納得する評価額により譲渡価格を決定することが適切と考えられます。財務デューデリジェンスの過程で未収金の内訳内容を検証することで、長期未回収のものや回収不可能なものをどのように評価するかも事前に交渉でき、譲渡価格に反映できたものと考えられます。

〈参考文献〉

・厚生労働省 「社会福祉法人の事業展開に係るガイドライン」（2020 年 9 月 11 日/
社援基発 0911 第 2 号 厚生労働省社会・援護局福祉基盤課長）

・厚生労働省 社会・援護局福祉基盤課事務連絡「合併・事業譲渡等マニュアル」
（2020 年 3 月）

・PwC コンサルティング合同会社 「社会福祉法人の経営指導強化等に関する調査研
究事業報告書」（2021（令和 3）年 3 月、厚生労働省 令和 2 年度生活困窮者就労準
備支援事業費等補助金 社会福祉推進事業）

例示 7 （事業譲渡等） 特別の利益供与の禁止対象となる関係者事業譲渡を受けたケース

〈参考資料：組織再編等の定義と特徴〉

手法	定義	特徴	留意点	該当頁
法人間連携	複数の法人間で協力関係を構築すること	・法人のニーズに合わせて、柔軟で緩やかな繋がりをもつことができる。 ・容易に取り組むことが可能	・中長期的な視点に立った協調関係を構築すること	第Ⅳ章第2項 （P71〜79）
社会福祉連携推進法人	社会福祉事業を行う法人の連携強化とした法人を設立すること	・一般社団法人として、所轄庁に社会福祉連携推進認定の申請を行い、設立する。 ・NPO法人や株式会社等も参画でき、当該法人の社員として法人のミッションを共有する。 ・社会福祉連携推進業務を行うことを目的とし、社会福祉事業を行うことはできない。	・目的を明確にして取り組むこと ・関係者間で目的達成のための道筋を共有すること	第Ⅵ章第1項、第2項 （P137〜153）
事業譲渡等（事業譲渡、事業譲受）	法人を構成する一部の事業を切り出して法人間で譲渡・譲受けを行うこと	契約に基づいて権利義務が移転するため、引き継ぐ資産や負債の内容を契約によって決める必要がある。	・事業継続の可否 ・特別の利益供与、協業及び利益相反取引との関係 ・法人外流出との関係 ・租税特別措置法第40条の取扱い ・国庫補助金の取扱い	第Ⅳ章第3項 （P80〜95）

第Ⅶ章　社会福祉法人の組織再編等の例示解説

手法	定義	特徴	留意点	該当頁
合併	複数の法人を1つの法人に併合すること	・譲渡法人の権利義務の一切が包括的に譲受法人に引き継がれる。 ・社会福祉法人同士でのみ行うことができる。	・当事者法人の協議、合意形成 ・消滅法人の退職役員に対する報酬の適性性の確保 ・租税特別措置法第40条の取扱い	第Ⅳ章第4項 (P96〜112)

しゃかいふくしほうじん　そしきさいへんにゅうもん
社会福祉法人の組織再編 入 門

2021年10月8日　発行

ゆうげんせきにんかん さ ほうじん
編　者　　有限責任監査法人トーマツ ©

発行者　　小泉 定裕

		東京都千代田区内神田1‐6‐6（MIFビル）〒101-0047　電話 03（6273）7946　FAX 03（3518）0299
発行者	株式会社 清文社	大阪市北区天神橋2丁目北2‐6（大和南森町ビル）〒530-0041　電話06（6135）4050　FAX 06（6135）4059 URL https://www.skattsei.co.jp/

©2021 For information, contact Deloitte Touche Tohmatsu LLC.
Printed in Japan

印刷：亜細亜印刷㈱

ISBN978-4-433-76871-3

詳解 社会福祉法人会計

有限責任監査法人トーマツ　編

■A5 版・678 頁
★定価：本体 5,000 円+税

最新の会計基準や通知を盛り込み、勘定科目別に解説。

制度の位置づけも含め、体系的に整理。

日常の実務から個別の論点までを網羅した、社会福祉法人会計の決定版!

実務対応 病院会計
病院会計準則・医療法人会計基準に準拠

有限責任監査法人トーマツ
ヘルスケア インダストリー　編

■A5 版・562 頁
★定価：本体 4,500 円+税

病院会計準則をもとに各解説主体の会計基準や病院特有の論点を抑えて解説した、病院会計の決定版!